Jesus zwischen arm und reich

Lukas-Evangelium

D1994007

Bibelauslegung für die Praxis 18

Herausgegeben vom Evangelischen Bibelwerk
und vom Katholischen Bibelwerk

Jesus zwischen arm und reich

Lukas-Evangelium

Bearbeitet von
Ulrich Busse
Annelise Bausch
Günter Hegele
Peter Neumann
Wolfgang Schöpping
Werner Ullrich

Verlag
Katholisches Bibelwerk GmbH
Stuttgart

Auslegung: Ulrich Busse
Praxis:
Annelise Bausch Texte Nr. 8, 13, 22
Günter Hegele Texte Nr. 2, 3, 10, 16, 17
Peter Neumann Texte Nr. 5, 6, 11, 18
Wolfgang Schöpping Texte Nr. 1, 4, 7, 14, 19, 21, 23
Werner Ullrich Texte Nr. 9, 12, 15, 20
Redaktion: Hellmut Haug

ISBN 3-460-25181-6
Alle Rechte vorbehalten
© 1980 Verlag Katholisches Bibelwerk GmbH, Stuttgart
Gesamtherstellung: Studiodruck, 7440 Nürtingen-Raidwangen

Inhalt

Hinweise für den Benutzer

Bei den Vorschlägen zur praktischen Arbeit mit den Texten bezeichnen Buchstaben (A, B, C; a, b, c) *alternative Möglichkeiten*, aus denen eine zu wählen ist; Ziffern (1,2,3) bezeichnen *aufeinander aufbauende Schritte* innerhalb eines bestimmten Verlaufs.

Für den Vergleich zwischen parallelen Texten der »synoptischen« Evangelien (Matthäus, Markus, Lukas) empfiehlt sich der Gebrauch einer deutschen Evangelien-Synopse (siehe Literaturhinweise am Schluß).

Synoptische Parallelen

Nachweis der Paralleltexte, die in Band 18 (Matthäus-Evangelium) behandelt sind

Lukas	Matthäus
3,21–22; 4,1–13	3,13–4,11
6,20–49	Kap. 5–7
8,4–15	13,1–23
9,18–27	16,13–28
10,21–24	11,25–30
11,1–13	6,1–18
12,22–31	6,19–34
14,15–24	22,1–14
19,11–27	25,1–46
Kap. 22–23	Kap. 26–27

Abkürzungen der biblischen Bücher

Am	Amos	Kol	Kolosser
Apg	Apostelgeschichte	Kor	Korinther
Bar	Baruch	Lev	Levitikus (3. Mose)
Chr	Chronik	Lk	Lukas
Dan	Daniel	Makk	Makkabäer
Dtn	Deuteronomium (5.Mose)	Mal	Maleachi
Eph	Epheser	Mk	Markus
Esr	Esra	Mt	Matthäus
Est	Ester	Mi	Micha
Ex	Exodus (2.Mose)	Nah	Nahum
Ez	Ezechiel (Hesekiel)	Neh	Nehemia
Gal	Galater	Num	Numeri (4. Mose)
Gen	Genesis (1. Mose)	Obd	Obadja
Hab	Habakuk	Offb	Offenbarung
Hag	Haggai	Petr	Petrus
Hebr	Hebräer	Phil	Philipper
Hld	Hoheslied	Phlm	Philemon
Hos	Hosea	Ps	Psalm
Ijob	Ijob (Job, Hiob)	Ri	Richter
Jak	Jakobus	Röm	Römer
Jdt	Judit	Sach	Sacharja
Jer	Jeremia	Sam	Samuel
Jes	Jesaja	Sir	Jesus Sirach
Joh	Johannes	Spr	Sprichwörter (Sprüche)
	(1–3 Joh: Johannesbriefe)	Thess	Thessalonicher
Jos	Josua	Tim	Timotheus
Jud	Judas	Tit	Titus
Klgl	Klagelieder	Tob	Tobit
Koh	Kohelet (Prediger)	Weish	Weisheit
Kön	Könige	Zef	Zefanja

Weitere Abkürzungen

f	und der folgende Vers
ff	und die folgenden Verse
lk.	lukanisch
Q	Redenquelle oder Logienquelle; Sammlung von Jesusworten und z. T. -geschichten, die Matthäus und Lukas neben dem Markus-Evangelium als Quelle benutzt haben

Einführung in das Lukas-Evangelium

In den beiden letzten Jahrhunderten hat das Lukas-Evangelium in der historisch-kritischen Forschung eigentlich nie das Interesse gefunden, das ihm in den Gemeinden entgegengebracht wurde. Auf der einen Seite meinte man, ihm den Vorwurf des »Frühkatholizismus«, d. h. des Abschieds vom urchristlichen charismatischen Beginn, nicht ersparen zu dürfen, auf der anderen Seite erbaute sich das einfache Gemeindemitglied an dem erzählerischen Talent des Evangelisten und seiner vermeintlichen historischen Treue. Ihr Anschein verleitete manchen Forscher zu apologetischen Versuchen, die Wahrheit neutestamentlicher Glaubenserfahrung, -reflexion und -verkündigung mit allen Mitteln auch historisch beweisen zu wollen, um sich so seines Glaubens manchmal auch gegen eigene, tiefsitzende Zweifel zu versichern.
Erst in den letzten Jahren nähern sich die gegensätzlichen Positionen zunehmend einander an. Eine Hilfe bietet die Einsicht, daß Lukas nicht so sehr im Rahmen einer neuen »dogmatisch«-theologischen Konzeption denkt und urteilt, sondern sich bewußt mit seiner »narrativen« (erzählenden) Theologie auf den Leser einläßt. Er soll sich mit dem Weg Jesu identifizieren, ihn selbst beschreiten, um auf diese Weise – wie vor ihm die apostolische Missionskirche des heroischen Anfangs – an dem durch Jesus erschlossenen Heil Gottes teilzuhaben. In dieser Hinsicht ist Lukas mit einem modernen Seelsorger vergleichbar.
Lukas drängt seine Glaubenserfahrung und -reflexion nie direkt und in abstrakter theologischer Sprache auf, sondern vermittelt sie auf häufig unnachahmliche Weise in verhaltenen bzw. dramatischen Episoden aus dem »Leben Jesu« und der Anfangsgeschichte der Kirche, die sich jedem unvergeßlich einprägen. Deshalb hat die alte Kirche sich ihn als *Maler* vorgestellt. Das ist historisch sicherlich falsch, trifft aber für die Erzählkunst des Evangelisten zu. Er ist nämlich ein gebildeter hellenistischer Geschichtsschreiber, der die Erzähltechniken seines Faches kennt und sie für den einzigen zugleich schönen, erhabenen und nützlichen Geschichtsstoff seines persönlichen Glaubenslebens verwendet: die universale Heilsbedeutung Jesu für alle Menschen zu allen Zeiten.
Deshalb darf man auch den anderen Titel, der Lukas verliehen wurde, er sei ein *Historiker*, keineswegs im modernen Sinne verstehen – als habe er es als seine Aufgabe angesehen, objektiv darzustellen, was einst um und mit Jesus geschah und Anlaß zur umfassenden Weltmission trotz aller Widerstände gab. Für einen Menschen seiner Zeit galt nicht das moderne Kriterium der Objektivität (»wie es wirklich war«). Da man die

Welt von allerlei kosmischen Mächten durchwaltet sah, ging es darum, dem häufig uneinsichtigen Geschichtsverlauf Sinn abzuringen.
So ist die lukanische (lk.) Geschichtsdarstellung schon immer im Glauben gedeutete Geschichte. Wenn der Evangelist z. B. die Geburt Jesu mit dem Reichszensus des Kaisers Augustus und das Auftreten des Täufers mit der Regierungszeit des Kaisers Tiberius verbindet, so beabsichtigt er keineswegs, die Jesusgeschichte im Sinne eines »Ploetz« (geschichtlicher Leitfaden) darzustellen, sondern ihre Bedeutung für die Weltgeschichte (vgl. Apg 26,26) festzuhalten. Jesus konkurrierte damit noch nicht automatisch mit den politischen Potentaten, die sich großspurig Wohltäter nennen ließen, sondern seine Bedeutung sah Lukas konkret darin, daß er jedem in Not geratenen Menschen im Judenland tatsächlich half (vgl. Apg 10,38)
Die Sorge Jesu um jeden einzelnen hat wiederum die Meinung bestärkt, Lukas müsse von Haus aus ein *Arzt* gewesen sein (vgl. Kol 4,14). Aber die von der Neugier um die Persönlichkeit des Evangelisten geleitete Spekulation lenkt von der eigentlichen Erzählabsicht des Verfassers ab, der nicht sich selbst, sondern Jesus, die Apostel und Missionare in den Mittelpunkt seines Doppelwerks (Evangelium und Apostelgeschichte) gestellt hat. Deshalb nennt er seinen Namen in dem sonst ganz von hellenistischer Literaturkonvention geprägten Vorwort Lk 1,1–4 nicht. Das verstößt erkennbar gegen die vorgegebene literarische Form. Es wäre also angebrachter, von *Jesus* als von einem um jeden einzelnen besorgten Arzt im übertragenen Sinne zu sprechen, der gemäß seinem in der Schrift schon geoffenbarten Auftrag (vgl. Lk 4,18f) den Kranken und von Dämonen Gepeinigten im Judenland wohltätig hilft. Denn mit dieser Tendenz hat der Evangelist die Wunderüberlieferung bearbeitet.
Wenn aber Lukas in seinem Vorwort als Zweck seines Evangeliums angibt, er wolle über die Jesusgeschichte »auf verläßlicher Grundlage« einen historischen Bericht geben und die Ereignisse »der Reihe nach« von neuem wiederholen, und nun gleichzeitig bekannt ist, daß er keine historische Objektivität anstrebt, sondern die Jesusgeschichte nur in einer sinnvoll aneinandergefügten Abfolge bringen möchte, dann läßt das fragen, welchen versteckten Zweifel er mit seiner historischen Schilderung bekämpft. Seine Darstellung Jesu als wohltätigen Heilands, dessen Handeln in Wort und Tat nicht nur zu Lebzeiten, sondern darüber hinaus in der Mission der apostolischen Zeit bis nach Rom göttliches Heil vermittelte, illustriert seine Absicht, die Frage nach der *bleibenden Möglichkeit von Heilserfahrung* zu beantworten.
Die endzeitliche Heilszuwendung Gottes ist ein für allemal mit der historischen Gestalt Jesu von Nazaret und seiner Botschaft verbunden.

Aber Jesus wirkt seit seiner Erhöhung vom Himmel her durch den Geist in den Missionaren und Gemeinden für die Welt. Der Himmel ist seitdem auch so lange der Heilsort aller Christen (vgl. Lk 23,43; Apg 7,55–60) nach ihrem Tode, bis Jesus das Weltgericht einberuft und Gottes Herrschaft endgültig aufrichtet.

Auf der Grundlage dieser Überzeugung wird deutlich, daß Lukas keineswegs die Enderwartung durch eine wie immer geartete Heilsgeschichte ersetzen will, damit die Kirche sich gelassen in der Welt einrichten kann, und er so ihrer Verbürgerlichung Vorschub leistet. Zwar baut Lukas erkennbar jede Naherwartung der Parusie (Wiederkunft Jesu) ab, aber er gibt damit die Enderwartung nicht auf. Vielmehr beginnt mit der Himmelfahrt Jesu die Endzeit, die nach der Überzeugung des Evangelisten noch eine Zeitspanne andauert, aber ohne Angabe eines Termins plötzlich abgebrochen wird. In dieser Zwischenzeit, die zur Zeit der Abfassung des Lukas-Evangeliums schon 1–2 Generationen andauert, sollen die Christen missionieren und so leben, wie es ihnen Jesus – zwar unter anderen kulturellen und gesellschaftlichen Bedingungen – geraten und vorgelebt hat.

Auf diese Weise ist Lukas der erste Evangelist, der eine Individualethik mit Hilfe der Enderwartung entwickelt. Analog zu der endzeitlichen Vergeltung und der Umkehrung aller diesseitigen Zustände gibt es schon zuvor ein individuelles Gericht nach dem jeweiligen Tod eines Menschen. Der Reiche z. B., der sein Leben in Saus und Braus verbrachte, erleidet nach seinem Tod die Pein des Hades. Aber Lazarus liegt geborgen im Schoß Abrahams (Lk 16,19ff). So nutzt Lukas für seine ethischen Vorstellungen die Entwicklung von einer rein futurischen Erwartung der Parusie (mag sie nun eine Nah- oder Fernerwartung gewesen sein) zu einer präsentischen Eschatologie im Urchristentum, die schon vor ihm eingesetzt hatte. Denn in dem Moment, wo an Jesus als den mit seiner Auferweckung zu Gott Erhöhten geglaubt wird, wirkt dieser von dort her bis zur Parusie. In dieser Vorstellung muß die Enderwartung nicht notwendigerweise aufgegeben werden. Lukas jedenfalls nutzt sie für seinen ethischen Vergeltungsglauben.

Demnach haben vor allem zwei Motive Lukas veranlaßt, zur Feder zu greifen: *1.* die Herausforderung einer hellenistisch-römischen Umwelt für seinen aus dem Judentum stammenden Glauben und Schwierigkeiten seiner Gemeinde, diese zu bewältigen. Lukas schreibt zur Zeit der flavischen Kaiser in einer ganz von hellenistischem Denken und Leben geprägten Stadt. Diese Epoche zwischen 70–96 n. Chr. brachte den hellenistischen Städten im römischen Imperium eine Zeit ohne äußere Bedrohung und mit wirtschaftlichem Wohlstand. Der Evangelist kennt das hohe Ideal der Griechen, ihr Streben nach Vortrefflichkeit (vgl. Lk 8,15 im Unterschied zu Mk 4,20). Dieses Ideal aber kann seiner Meinung nach nur der erreichen, der das von Jesus verkündete Wort Gottes hört und es in die Tat umsetzt. Auch ist ihm der öffentliche Kult für einen mächtigen Wohltäter (Lk 22,25) nicht unbekannt. Doch in seiner Gemeinde soll es kein Oben und Unten geben. Die natürlichen Gesetze des Zusammenlebens in einer Gruppe sollen in der Kirche keineswegs außer Kraft gesetzt, aber an der von Jesus geforderten Dienstfunktion des Amtes gemessen werden.

Vorrangig aber veranlaßt ihn zum Schreiben *2.* die Sorge, die ihm der Wohlstand und die damit verbundene Gefahr, im diesseitigen Glück das einzig erstrebenswerte Ziel zu sehen, bereitet. Immer wieder führt er dem Leser Jesus als Beispiel an, der sich den Armen und denen zugewendet hat, die von der Gesellschaft nichts mehr und von Gott in den Augen von Scheingerechten noch weniger erwarten konnten. Gerade ihnen hat Gott nach der Botschaft Jesu ewiges bzw. jenseitiges Heil zugesagt. Ihre (und seine persönliche) Heilserfahrung in Jesus stellt er in Gegensatz zum vermeintlich einzig erstrebenswerten Glück, das Besitz, Reichtum und Wohlergehen bescheren. Denn seiner Meinung nach hat Jesus eben denen, die hier alles entbehren, dort alles zugesagt, was ihnen hier vorenthalten wird.

Doch Jesus steht wiederum nicht nur auf der Seite der Armen, sondern zwischen arm und reich. Gemeindemitglieder, die vermögend sind, werden angehalten, mit ihrem Besitz so umzugehen, »als hätten sie ihn nicht« (vgl. 1 Kor 7,29f). Sie sollen ihn unter den Armen verteilen, eingedenk dessen, daß sie vor Gottes alles menschliche Denken übersteigender Güte allemal als Schuldner zu betrachten sind. Der barmherzige Samariter u. a. wird als Beispiel angeführt, wie man sich im Sinne Jesu verhalten soll. Denn nur wer sich so verhält, kann am jenseitigen Heil teilhaben. Jesus allein kann die Kluft zwischen diesseitigem Glück und jenseitigem Heil vor dem Endgericht überbrücken.

Geboren von der Jungfrau...

Lukas 1,26–38

Die lukanische Vorgeschichte

Die lk. Vorgeschichte (oft mißverständlich Kindheitsgeschichte genannt) ist wie ein Präludium dem von der Überlieferung vorgegebenen Ablauf des Evangeliums vom Wirken und Sterben Jesu (vgl. Lk 3,1ff mit Mk 1,2ff) vorangestellt. Sie ist ein poetisches Meisterstück, das nicht nur Künstler von Rang zu immer neuen Bildern angeregt, sondern auch die Christen im Laufe der Jahrhunderte in ihrem Glauben gestärkt hat. In ihr sind wie in einem Brennglas die Grundzüge der fazettenreichen Glaubensgeschichte des Alten wie des Neuen Testaments andeutungsweise gebündelt.
In Analogie zu alttestamentlichen Vorbildern und in einer stark semitisierenden Sprache schildert die lk. Vorgeschichte das Werden und die zukünftige Bedeutung des Täufers und Jesu. Dabei überträgt der Erzähler die Geschichte von Sara und Abraham (Gen 18,21), die aufgrund göttlicher Verheißung noch im hohen Alter ein Kind bekamen, auf das Eheleid des Tempelpriesters Zacharias und seiner Ehefrau Elisabet. Gott schenkt ihnen aufgrund der Ansage des Engels Gabriel ein gemeinsames Kind, obwohl der Vater der Ankündigung des Engels voll ungläubiger Skepsis gegenübersteht. Deshalb wird er mit sofortiger Stummheit bestraft. Erst als Gott gegen menschlichen Unglauben seine Verheißung durchgesetzt hat und Zacharias mit der Namensgebung endlich gehorsam den göttlichen Willen vollzieht, findet dieser seine Sprache wieder. Mit der Episode erläutert der Erzähler im Ansatz sein Verständnis der Heilsgeschichte Gottes mit Israel (angesichts menschlichen Unglaubens!) in alttestamentlicher Zeit.
Mit Johannes hat sich Gott einen Boten (1,76) berufen, der den endgültigen Heilsträger Israels ankündigen soll: Jesus. Diese neue, die alttestamentliche Verheißung erfüllende (vgl. 1,70; 2,11.25–38) Tat Gottes, den ersehnten Retter Israels und das Heil für alle Völker endlich zu senden, wird parallel zur »Kindheitsgeschichte« des Täufers Johannes in überbietender Weise erzählt. Die wunderbare Geburt des Täufers bleibt im Rahmen der Familie und wird von allen im Judenland (vgl. 1,57–66) bestaunt. Die Geburt Jesu hingegen wird ihrer universalen Heilsbedeutung wegen vom Erzähler in Lk 2,1f als wichtiges Datum der Weltgeschichte registriert. Denn die Jesusgeschichte ist für ihn keine Winkel-Geschichte (vgl. Apg 26,26), die sich jederzeit und überall hätte ereignen können.
Auf diese Weise ist die Vorgeschichte eine kunstvolle Komposition, in der die Anfänge des Täufers und Jesu eng miteinander verwoben sind. Zugleich bezeugt sie aber auch einen hohen theologischen Reflexionsstand des Erzählers, der bei der Deutung der Einzelepisoden immer mitberücksichtigt werden sollte.

Die Verheißung der Geburt Jesu

Auf die Verheißung der Geburt des Täufers (1,5–25) folgt die der Geburt Jesu. Der enge Zusammenhang beider Episoden wird durch die Zeitangabe V. 26 »im sechsten Monat« (vgl. V. 24) und durch die zweimalige

Sendung des himmlischen Boten Gabriel (vgl. V. 19) gesichert. Ebenfalls verweist der Erzähler mit V. 36 auf den Zusammenhang: Der vom Engel ohne Aufforderung gegebene Hinweis, Elisabet, eine Verwandte Marias, sei gleichfalls überraschend im hohen Alter schwanger geworden, lüftet erstmals das Geheimnis, das zu halten Elisabet sich V. 24f selbst veranlaßt sah und das Maria bewegt, anschließend ihre Verwandte in den judäischen Bergen (V. 39f) zu besuchen.
Der Erzähler hat aber nicht nur die Ankündigungsgeschichten aufeinander bezogen und beide in den größeren Kontext der Vorgeschichte eingeordnet, sondern auch beide Episoden nach derselben Erzählstruktur gestaltet. Beide Geschichten bilden ein »Diptychon der Ankündigungen« mit einem gemeinsamen Aufbau:

1,5–7	par. 1,27	Vorstellung der Eltern bzw. der Mutter
1,11	par. 1,28	Auftreten des Engels
1,12	par. 1,29	Erschrecken als menschliche Reaktion auf die himmlische Erscheinung (vgl. 2,9)
1,13	par. 1,30	gemeinsame Anrede: Fürchte dich nicht!
1,15	par. 1,32	Ankündigung der Geburt und zukünftige Funktion der Kinder
1,18	par. 1,34	Frage
1,20	par. 1,35ff	Antwort mit Hinweis auf ein Zeichen
1,23	par. 1,38	Die Verheißung endet mit dem Weggang eines der beiden Handlungsträger

Doch die im Grundsatz gleiche Struktur der Erzählungen weist bedeutsame Erzählvarianten auf. Sie legen den Schluß nahe, der Erzähler wolle beide Episoden in ihrer Bedeutung unterschiedlich gewichten. Sie werden in überbietender Parallelität einander zugeordnet, um das Neue qualitativ vom schon bekannten Alten, nämlich der Analogie zwischen Sara/Abraham und Elisabet/Zacharias, bewußt zu unterscheiden. Die sachlichen Unterschiede heben die Absicht hervor: In der ersten Ankündigungsepisode wird eine Unfruchtbare, in der zweiten eine Jungfrau schwanger. Der Täufer wird zwar auch als »groß« (vgl. V. 15 mit V. 32) bezeichnet, aber er wird nur »groß sein vor dem Herrn«, ein Umkehrprediger und geistbegabter Vorläufer. Jesus hingegen ist ohne Einschränkung »groß«, der geistgezeugte Sohn des Höchsten, Davidssohn und deshalb Messias. Der mindere heilsgeschichtliche Rang der ersten Szene wird besonders deutlich an der unterschiedlichen Reaktion des Engels auf die Frage der Betroffenen: Zacharias wird seines Unglaubens wegen (V. 20) bestraft, Maria hingegen erfährt von Gabriel das Geheimnis, weil sie geglaubt hat (V. 45).

Trotz der kunstvollen Verflechtung der beiden Ankündigungsepisoden bleiben noch einige textliche Ungereimtheiten zu klären, die häufig eine kritische Bewertung der Geschichte veranlassen.

1. In V. 27 wird erwähnt, daß der Verlobte der Maria, Josef, aus dem Hause Davids stamme. Diese Information ist eigentlich für die Erzählung selbst uninteressant, da die Ankündigung der wunderbaren Geburt von einer Jungfrau geschildert werden soll. Der Hinweis auf die davidische Herkunft des Verlobten ist aus dem Zusammenhang der gesamten Vorgeschichte zu verstehen: er soll die Reise der beiden Verlobten in die davidische Königsstadt Betlehem (2,4f) motivieren, weil nach jüdischer wie auch nach der Überzeugung des hellenistischen Judenchristentums (vgl. Röm 1,3f) der endzeitliche Messias aus Davids Geschlecht hervorgehen soll. Die Information beeinträchtigt in keiner Weise die Aussageabsicht der Episode, da auch Lk 3,23 noch einmal die wunderbare Geburt Jesu von einer Jungfrau bewußt hervorhebt.
2. Bisweilen wird die These aufgestellt, daß die Verse 34f der Ankündigungsszene nachträglich hinzugefügt seien, weil sie – so lautet die Begründung dieser These – erst die Jungfrauengeburt begründen würden bzw. eine andere christologische Ausrichtung erkennen ließen. Eine intensive Beschäftigung mit dem Text läßt eine solche, sicher aus der Bestreitung einer überaus anstößigen Aussage erwachsene literarkritische Hypothese äußerst unwahrscheinlich erscheinen. Vielmehr überbietet ja gerade die Jungfrauengeburt die wunderbare Geburtsgeschichte des Täufers. Da beide Geschichten bewußt aufeinander bezogen und nach der gleichen, anhand alttestamentlicher Vorbilder gewonnenen Erzählstruktur (vgl. Gen 16,7–13; 17,1–22; Ri 13,3–23; weiterhin Gen 18,9–15; 21,1–7; 1 Sam 1) komponiert wurden, ist ein Ausscheiden der beiden Verse aus diesem Gesichtswinkel unmöglich. Außerdem weist in V. 27 der Erzähler zweimal auf die Unberührtheit Marias hin, wie auch der Engelsgruß (vgl. V. 28 mit 30) voraussetzt, daß Maria, die von Gott Begnadete, schon von diesem für einen besonderen Dienst im voraus auserwählt ist. Weiter hat Gott schon den Namen (V. 31 par. V. 13) festgelegt, und nicht Josef – in Analogie zu Zacharias – soll ihm den Namen bei der Beschneidung (2,21) geben, sondern Maria. Das weist nach damaliger Sitte darauf hin, daß das Kind einen besonderen Status hat. Ebenfalls sollte man die stilistische Konformität der Episode beachten. So wird der Engelsgruß V. 28 mit V. 30 präzisiert, wie auch die göttliche Botschaft V. 31–33 nach dem Einwand Marias (vgl. V. 29 mit V. 34) in einem Punkt präzisiert und durch ein Zeichen abgesichert wird. Diese Beobachtungen legen nahe, daß die Erzählung von der Ankündigung der Geburt Jesu schon immer das Motiv der Jungfrauengeburt miteinschloß. Von dieser Tatsache hat die Interpretation auszugehen.

Zur Frage der Jungfrauengeburt

Auf eine unnachahmlich verhaltene, vornehme und unaufdringliche Weise versucht der Autor dem Leser die Frage zu beantworten, wie jemand in der Welt »Sohn Gottes« genannt werden kann. Diese Frage war der ältesten apostolischen Verkündigung noch fremd, weil in ihrer Mitte die Botschaft von Jesu Tod und Auferweckung stand (vgl. Röm 1,3f u.

a.). Zu dem Zeitpunkt aber, wo die Jesusgeschichte in das »Evangelium« einbezogen wurde, mußte das österliche Glaubensbekenntnis in das »Leben Jesu« zurückverlegt werden. So wird bei Markus das Sohn-Gottes-Geheimnis in der Taufe Jesu (Mk 1,10f) für den Leser erstmalig offenkundig. Mit seiner Enthüllung beginnt für Markus die endzeitliche Heilsgeschichte. Der Erzähler der lk. Vorgeschichte aber gab sich damit noch nicht zufrieden. Er verlagerte die Frage noch weiter zurück in die Anfänge eines Menschen, ohne zu vergessen, daß in der ursprünglichen Botschaft die Auferweckung Jesu der Ort der Offenbarung seines wahren Wesens war.

Deshalb formuliert er die Ankündigung der messianischen Funktion des Geistgezeugten im Futur, weil nach Apg 2,30–36 erst der Auferweckte den Thron Davids besteigen und von dort (d. h. aus dem Himmel) seine ewige Herrschaft errichten wird. Außerdem wählt er eine doxologische Aussagestruktur (»*Dieser* wird groß sein...«), wie sie in Apg 10,36.42 den Auferweckten preist.

Hatte der Autor auf diese Weise den Bezug der Geburtsverheißung auf die Auferweckung Jesu herausgestellt, konnte er daran gehen, den Ursprung Jesu in Gott selbst zu verankern, ein Versuch, dem auch der Stammbaum Jesu Lk 3,23–38 dient. Mit zwei Verben »überschatten« (vgl. Lk 9,34; Ex 40,35 G) und »überkommen« (vgl. Lk 3,21; Apg 1,8; Jes 32,15 G u. a.), die im Kontrast zu »erkennen« (V. 34: vgl. Gen 4,1 G) in keiner Weise jemals im sexuellen Sinn verstanden wurden, offenbart Gabriel, daß der Hl. Geist als die lebenspendende Schöpferkraft Gottes ohne Zutun eines Mannes Jesus auf eine alle alttestamentlichen Geburtswunder übertreffende Weise schaffen werde.
Auf diese Weise war für Lukas die Frage nach der Gottessohnschaft, nach dem wahren Wesen Jesu beantwortet. Seine Leser konnten ihn verstehen. Denn schon Paulus hatte den in der hellenistischen Umwelt – wenn auch in einer vom Neuen Testament recht unterschiedlichen Form – vertrauten Gedanken einer geistgewirkten Jungfrauengeburt auf den echten Abrahamssohn Isaak im Gegensatz zu Ismael angewendet (Gal 4,23–29; vgl. Röm 4,17–21). Paulus weist allerdings die wunderbare Geburt durch eine Jungfrau Gal 4,4 für Jesus zurück. Der Erzähler der lk. Vorgeschichte nun verankert die ganze Jesusgeschichte von ihrem Anfang an in Gottes kraftvollem und schöpferischem Heilswillen (vgl. Lk 1,37), um auf diese Weise Jesu wahre Identität von vornherein jedem Zweifel zu entziehen: Der Geist hat im Schoß der Jungfrau, die gehorsam als »Magd« ihr Einverständnis zu Gottes Plan gibt (V. 38), die biologische Existenz Jesu ohne Zutun eines Mannes begründet.
Diese sowohl christologisch wie soteriologisch (für die Lehre von Chri-

stus wie von der Erlösung) wichtige Antwort des Evangelisten auf die Frage, wie man die wesentliche Identität des Irdischen mit dem Auferstanden im Rahmen eines Geschichtswerks sichern könne, ist darum nicht nur ein poetisches, sondern auch ein theologisches Meisterstück, das nur vom Eingang des Johannes-Evangeliums überboten wird. Für Lukas hat sich Gott in dem Menschen Jesus von Anfang an endgültig und unüberholbar wieder mit der Welt verbunden. Die Episode übersetzt die Botschaft Jesu von der Königsherrschaft Gottes in die nachösterliche Geschichtsreflexion über die Bedeutung Jesu in und für die Welt. Das Problem einer späteren Theologie, Jesus sei durch die wunderbare Geburt anders als wir gewesen, hat Lukas ganz offensichtlich nicht gekümmert. Ihm kam es vielmehr darauf an, von Beginn an dem Leser mitzuteilen (außer Maria und dem Engel weiß ja nur der Leser von der Ankündigung!), welche Bedeutung er diesem Kind beimißt: »Dieser wird groß sein«, d. h. Jesus ist nicht irgendein Großer, sondern uneinholbar der Große, der Sohn Gottes. Das Werk des Täufers ist vorläufig, begrenzt. Jesu Wirken aber hat zeitüberdauernde, ewige Bedeutung.

Praxis

Thema: Jesus wird als der Messias und Sohn Gottes verkündet

Ziel: Die literarische Gattung des Textes verstehen und die Glaubensaussage für das persönliche Leben annehmen

Vorschlag A

1. Jeder Teilnehmer erhält ein Blatt mit dem Text der Verkündigungserzählung. In etwa 10 Minuten sollen die einzelnen Phasen der Erzählung herausgefunden und mit passenden Überschriften versehen werden.
2. Nun bilden sich 4 Kleingruppen. Die Gruppen einigen sich zunächst auf ein gemeinsames Schema. Dann erhält jede Gruppe jeweils einen (!) der folgenden Texte zum Vergleich:
   Gen 16,7–12; Gen 17,15–19; Ex 3,4–12; Jer 1,4–10.
Welche Übereinstimmungen lassen sich feststellen? Das Schema der verglichenen Texte wird auf einen Karton geschrieben.
3. Im Plenum berichten die Gruppen, was sie herausgefunden haben. Im Gespräch wird erarbeitet, daß Lukas die alttestamentlichen Verkündigungs- und Berufungserzählungen mit ihrem Schema als Vor-

lage benutzt. An der Tafel (oder Flanelltuch) wird nochmals verdeutlicht:

Erscheinen eines himmlischen Wesens Furcht des Angesprochenen Fürchte dich nicht! Ankündigung der Geburt eines Sohnes Festlegung seines Namens Offenbarung seiner Zukunft	Verkündigungs-Schema	Berufungs-Schema
Bedenken des Menschen Erklärung, die das Bedenken ausräumt Beglaubigendes Zeichen		

Der Leiter stellt fest, daß es sich nicht um einen Bericht oder eine Chronik der Geschehnisse handelt. Hier liegt eine kunstvolle Komposition vor, deren Hauptzweck die Deutung und Interpretation ist. Aber um wen geht es in der Erzählung? Was ist der Kern der Glaubensaussage?

4. Jeder liest nochmals kurz (3 Min.) den Text bei Lukas durch und sucht den Satz, der am wichtigsten ist. Darüber führen wir ein Rundgespräch. (Die zentrale Aussage findet sich in den Versen 32 u. 33). Jesus steht also im Mittelpunkt der Erzählung. Von ihm wird ausgesagt, daß er der »Sohn Gottes« und der »Messias« ist, dessen Herrschaft »ewig« währt.

5. Anwendung auf mein Leben: Maria wird in unserem Text als »Urbild der Kirche« vorgestellt. Von daher ergibt sich unschwer eine Übertragung auf die Praxis. Der Glaubende soll die Botschaft hören und annehmen wie Maria. In einem einfachen Schema (das dem Gebetstext »Der Engel des Herrn« im katholischen Gesangbuch »Gotteslob« nachgebildet ist) ergeben sich die Konsequenzen:

1. Botschaft des Engels – Empfang durch Hinhören
2. Zuspruch Gottes – Gehorsam des Menschen
3. Fleischwerdung des Wortes – Tat für die anderen

Wie spricht Gott heute zu den Menschen? Wann habe ich Berufung und Auftrag erfahren? Was habe ich aus dem Zuspruch Gottes gemacht? Wie müßte sich heute die Fleischwerdung des Gotteswortes vollziehen? Was heißt das: »Gott will in uns Fleisch und Blut annehmen?«

6. Zum Abschluß könnte die Meditation eines der vielen Bilder von der Verkündigung stehen (vgl. Praktische Bibelarbeit heute, S. 188ff).

Vorschlag B

1. Nachdem der Text im Plenum verlesen wurde, bilden sich 3 oder 4 Kleingruppen. Jede Gruppe hat ein Neues Testament und einen Zettel, auf dem die Parallelen aus dem Alten Testament neben den neutestamentlichen Text gestellt sind. (Jede Gruppe bearbeitet nur eine alttestamentliche Stelle.)

a) 2 Sam 7,12–16 Dan 7,14	Lk 1,32–33
b) Jes 7,14	Lk 1,31
Jes 12,6	Lk 1,32
Jes 9,5.6	Lk 1,33
Jes 11,2	Lk 1,35
Ex 40,35	Lk 1,35
c) Zef 3,14–17	Lk 1,28–31

Es empfiehlt sich, die Textstellen vollständig auf die Blätter zu schreiben. (Hierzu R. Laurentin, Struktur und Theologie der lk. Kindheitsgeschichte. Stuttgart 1967, S. 82–86.)
Die Gruppen erhalten die Arbeitsanweisung, die bei Lukas zitierten Stellen aus dem Alten Testament auf ihre Bedeutung für die Glaubensaussage im neutestamentlichen Text zu untersuchen.
2. Im Plenum berichten nun die Gruppen über die Ergebnisse ihrer Arbeit, zur besseren Anschaulichkeit mit dem Tageslichtschreiber oder vorgefertigten Plakaten. Es folgt ein Rundgespräch wie in A 4.
3. Vertiefung des Textverständnisses: Die Erfahrung zeigt, daß die Teilnehmer meist auf zwei Fragen besonders einzugehen wünschen:
– Wie ist das mit der Jungfrauengeburt?
– Ist ein Engel erschienen, der gesprochen hat?
Zur Klärung dieser beiden Fragen empfiehlt sich ein Kurzvortrag des Leiters (vgl. G. Lohfink, Jetzt verstehe ich die Bibel, S. 117–120). Dabei ist darauf zu achten, daß Diskussionen, die zur Bildung zerstrittener Gruppen führen, vermieden werden. (Vgl. W. Dignath, Weihnachtstexte im Unterricht.)
4. Abschließen kann man auch hier wie unter A 5 und 6.

Hirten an der Krippe

Lukas 2,1–20

Das Kompositionsprinzip der überbietenden Parallelität bestimmt auch das »Diptychon der Geburten«: 1,56–2,40. Die Geburt des Täufers (1,57) wird wie die Geburt Jesu (2,6–7) äußerst knapp erzählt. Darauf folgen jeweils die Beschneidungs- und Namengebungsgeschichten und prophetische Worte über das Schicksal und die Aufgaben der beiden Neugeborenen. Die Geburtsgeschichten enden jedesmal mit einem Refrain über das Heranwachsen der beiden Kinder (vgl. 1,80 mit 2,40). Trotz der ähnlichen Erzählfolge überbietet die Geburtsgeschichte Jesu die des Täufers. Bei der Geburt des Johannes freut man sich im engen Familienkreis, bei Verwandten und Nachbarn (1,58). Über die Geburt Jesu herrscht hingegen Freude im gesamten Kosmos (2,11–14). Außerdem erfolgt sie in der Königsstadt Davids, Betlehem (vgl. 1 Sam 16,1; 17,12), auf unbeabsichtigte Veranlassung von Augustus, dem römischen Friedenskaiser, auf daß die politische Befriedung des Weltkreises von der religiösen Versöhnung Gottes mit der Welt in diesem Kind übertroffen werde.
In dem umfassenden Kompositionsrahmen muß die eigentliche Geburtsgeschichte Jesu 2,1–20 eingeordnet werden. Ihr Aufbau ergibt sich aus dem letzten Vers: »Die Hirten kehrten zurück, rühmten und priesen Gott für alles, was sie *gehört* (V. 8–14) und *gesehen* (V. 15–19) hatten, so wie es ihnen *gesagt* (vgl. V. 17 mit 8–14) worden war.« Die abschließenden Sätze heben die zentrale Bedeutung der beiden Hirtenszenen (V. 8ff. 15ff) für die Geburtsgeschichte hervor.

Dies ist dann nicht mehr verwunderlich, wenn man erkennt, daß der eigentliche Geburtsbericht (V. 6f) vom Erzähler als Zeichen (V. 12.16) verstanden wird. Dieser zeichenhafte Bericht veranlaßt beide Szenen und gibt ihnen den tieferen Sinn. Der zweigeteilten Geburtsgeschichte (V. 6–14.15–20) ist noch ein Exkurs über die weltgeschichtliche Lage und Bedeutung dieses Ereignisses als Exposition vorangestellt. Die nebensächliche Information in V. 7, Jesus sei der Erstgeborene (vgl. V. 23) Marias gewesen, verknüpft die Geburtsgeschichte mit der anschließenden Erzählung von der Darstellung Jesu im Tempel. Der eingefügte Vers 19, Maria habe alle diese Ereignisse in ihrem Gedächtnis bewahrt, verbindet die Geschichte mit der Episode vom zwölfjährigen Jesus im Tempel (2,41–52), die die lk. Vorgeschichte beschließt.

Der Friedenskönig

Die Einsicht in die innere Struktur der Erzählung läßt den Schluß zu, daß der Erzähler den Aussageakzent auf die beiden Hirtenszenen legen will, die als Verheißungs- und Erfüllungsgeschichten einander zugeordnet sind. Sie interpretieren gemeinsam das Geburtsereignis. Aber auch die Exposition (2,1–5) ist für das Gesamtverständnis wichtig. Josephus, der jüdische Historiker, berichtet in seinen Altertümern (18,1), daß Quirinius, der in Lk 2,2 genannte Statthalter Syriens, nach der Absetzung des Archelaos im Jahre 6 bzw. 7 n. Chr. in Judäa (und nicht in Galiläa!) einen Steuerzensus durchführen ließ. Lukas aber geht nach 1,5 wie Mt 2,1 davon aus, daß dieser Zensus in der Zeit des Königs Herodes des Großen (also vor dessen Tod 4 v. Chr.) stattgefunden hat.

Abgesehen von diesem Datierungsfehler sind in der Exposition noch weitere Angaben enthalten, die sich historisch nicht bestätigen lassen. Erstens gibt es bislang keinen Beweis für einen reichsweiten (vgl. 2,1) Zensus, den Augustus befohlen haben soll. Ferner ist es ungewöhnlich, daß man dafür seine angestammte Heimatstadt aufsuchen muß. Drittens war in dem Zeitraum, den Lukas angibt, nicht P. Sulpicius Quirinius, sondern Sentius Saturninus (9–6 v. Chr.) bzw. Quintilianus Varus (6–4 v. Chr.) römischer Statthalter in Syrien.

Wenn man diese groben Fehler nicht einer Gedächtnisschwäche des Erzählers zugute halten will, liegt es näher, eine bestimmte Erzählabsicht zu vermuten. Für Lukas scheint es theologisch bedeutsam zu sein, Josef mit seiner schwangeren Verlobten in seine Vaterstadt, die zugleich die Geburtsstadt Davids ist, gehen zu lassen. Denn nach Mi 5,1 ff wird in dieser Stadt der davidische Messias geboren werden. Darüber hinaus gehorcht Josef wie jedermann einem kaiserlichen Befehl. Dieser Kaiser wurde damals in der imperialen Propaganda und im dementsprechenden Kaiserkult als Friedenskaiser herausgestellt.

Nun werden aber gerade in der Geburtsgeschichte Jesu Begriffe gebraucht, die auf die göttliche Verehrung der römischen Cäsaren anspielen. In V. 12 läßt der Erzähler den Engel zu den Hirten sagen: »Ich verkündige euch große Freude!« Im Kaiserkult kündigt eine solche »Freudenbotschaft« die Thronbesteigung des neuen Cäsars an. Auch der Hoheitstitel »Retter«, den der Engel Jesus zuerkennt, ist ein Titel hellenistischer Könige. Weiter spielt die Engelschar (V. 14) in ihrem Lobgesang auf den »Frieden« an, den Gott denen schenken will, die er auserwählt hat. Mit der Übertragung dieser kaiserlichen Züge auf das Jesuskind verdeutlicht der Autor, in welcher Weise das Erlöserkind sogar in der Krippe dem Kaiser überlegen ist, weil Gott mit ihm ist. Politisch bedeutet das Kind für Rom keine Gefahr. Es vermittelt den göttlichen Frieden.

Warum gerade Hirten?

Aber das Kind, von dem die Engel so große Stücke halten, liegt in einer Futterkrippe, weil für die Gebärende wie für ihr Kind (vgl. V. 12) in einer Herberge unter Menschen kein Zimmer frei war (vgl. 9,58). So wurde es im Stall der Herberge »gewickelt«, d. h. gut versorgt und betreut, und in eine Futterkrippe für die Tiere gelegt. Die auffallende Kürze des eigentlichen Geburtsberichtes (V. 7a), die Verlagerung des Erzählaspektes auf das Wickeln des Kindes und seine erste schützende und wärmende Geborgenheit in einer Futterkrippe bieten dennoch den Schlüssel zum Verstehen der folgenden Hirtenszenen.

Immer wieder wurde gerätselt, weshalb gerade die Hirten die erste Kunde von der Geburt des Heilandes, des Erlösers erhalten haben. Sicher hat mit den Hirtenszenen der Autor keine bukolische, im letzten Jahrhundert ins Romantisch-kitschige abgleitende Idylle malen wollen. Vielmehr legt V. 8 nahe, daß eine Beziehung zwischen Maria und den Hirten besteht. In der Notiz von der Nachtwache der Hirten bei ihren Herden verdichtet sich die Szene zu einem Bild von dem Schutz und der Fürsorge, die sie ihren Tieren (wie Maria ihrem Kind) angedeihen lassen. Deshalb können die Engel gerade denen »Frieden auf Erden« ansagen, die Gott liebt (wobei von vornherein feststeht, daß Maria zu diesen zählt). Doch in das parallele Verhaltensmuster der beiden Handlungsträger (Maria und die Hirten) fällt mit V. 19 ein Wermutstropfen. Der Vers gesteht nur Maria die andauernde Beschäftigung mit diesen wundersamen Ereignissen zu, die sie in ihrem Gedächtnis bewahrte. Damit unterstellt der Erzähler den Hirten indirekt, daß sie sich so verhalten, wie es in der allegorischen Ausdeutung des »Sämannsgleichnisses« (vgl. 8,13 mit 8,15) dargelegt wird. Maria ist diejenige, die das Wort Gottes hört und daraus handfeste Konsequenzen zieht (vgl. 8,19–21). Die Hirten hingegen sind jenen in der Allegorie ähnlich, »die das Wort freudig aufnehmen, wenn sie es hören; aber ihr Glaube faßt nicht Wurzel«. Denn in dieser Geburtsgeschichte geht es dem Erzähler um die öffentliche Proklamation Jesu zum davidischen Retter des Volkes, das Gott sich auf Erden unter den Menschen ausgesucht hat. Es wird sich im Evangelium zeigen, ob Lukas damit das Heilsvolk Israel gemeint hat.

Praxis

Jesus wird geboren, Das Wort wird Fleisch, Gott kommt in die Welt. Der Abschnitt soll zeigen, unter welchen *Bedingungen* dies geschieht – damals wie heute. Eine Übung soll dies bewußter erfahrbar werden lassen.

Vorschlag A: Bedingungen für die Geburt des Heilandes

Die Teilnehmer werden gebeten, in Stichworten die aus dem Abschnitt erkennbaren Bedingungen und Umstände bei der Geburt Jesu aufzuzählen.
Hierfür kann der Text auf einem Blatt mit breitem Rand vervielfältigt werden. Genannt werden dann z. B.: Macht, Herrschaft, Volk, Veränderung, Platznot, Handel, Verkehr, Familie, Enge...
Der Leiter kann auf Zuruf die Nennungen der Teilnehmer so auf Tafel oder Plakat schreiben, daß links die Bedingungen der damaligen Zeit stehen, rechts dagegen solche, die auch heute zutreffen. Im weiteren Verlauf des Gesprächs wird diese Aufteilung erklärt und entsprechend ergänzt.

Vorschlag B: Auf der Suche nach Unterkunft

Durch eine Aktionsübung kann ein bestimmter Aspekt der Weihnachtsgeschichte vertieft werden. (Nach: Materialhefte der Beratungsstelle für Gestaltung von Gottesdiensten und Gemeindeveranstaltungen, Heft 25, 1979 [Frankfurt, Eschersheimer Landstraße 565], S. 111–113. Es ist gut, wenn die Teilnehmer schon Erfahrungen mit Interaktionsübungen haben und nicht zu alt sind.)
Die Übung kann entweder in einem größeren oder in zwei Räumen durchgeführt werden, von denen einer mit Teppichboden oder Wolldecken ausgelegt und entweder kleiner oder durch Tische und Stühle so abgeteilt sein sollte, daß in einem Feld alle Teilnehmer knapp liegen können.
1. Erfahrung von Körper und Raum; Lockerungsübung. Der Anleiter sagt:

»Verteilt euch so im Raum, daß jeder genügend Platz hat. Bewegt euren Kopf hin und her, nach vorne und zur Seite.
Beginnt damit zu kreisen, mit dem Kopf, mit dem Oberkörper, mit dem ganzen

Rumpf. Die Arme hängen und sind schwer. Beugt euch nach vorne und zur Seite. Wenn ihr euch beugt, atmet aus, wenn ihr hochkommt, atmet ein. Spürt eure Füße; spürt, wie sie auf dem Boden stehen und euch mit dem Boden verbinden. Sie tragen euer Gewicht.
Dreht euren Oberkörper langsam nach links und nach rechts; jetzt etwas schneller, so daß die Arme dabei etwas ausschwenken. Ihr habt Platz. Stellt euch jetzt breitbeinig hin und bewegt euch ähnlich wie bisher. Etwas schneller. Ihr spürt den Platz, den ihr habt.
Beginnt durch den Raum zu gehen. Denkt dabei an euren Körper, an euer Gewicht. Tragt euer Gewicht durch den Raum, von einem Fuß auf den anderen. Werdet schneller. Nehmt mit den Armen den Raum ein, meßt ihn aus! In die Höhe, die Länge, die Breite. Tut das mit den Armen und Beinen. Geht auch blind durch den Raum. Spürt, wie groß er ist.«

2. Raum eingrenzen, verkleinern:

»Geht jetzt in die eine Hälfte des Raumes (bei größeren Räumen: in eine Ecke; bei zwei Räumen: Folgt mir jetzt ohne zu sprechen in einen anderen Raum). Versucht, wieviel Platz ihr jetzt habt.
Bleibt stehen. Probiert aus, wie groß euer erreichbarer Raum jetzt ist.
Setzt euch; versucht jetzt, wie weit ihr reichen könnt.
Legt euch hin (für Ältere evtl. einige Stühle eng zusammenstellen); probiert es, euch hinzulegen, wer es kann.
Schließt die Augen, spürt den Platz, auf dem ihr liegt/sitzt.
Stellt euch noch einmal den Ablauf vor, wie euer Raum kleiner wurde und was das für euch bedeutet hat.«

3. Text hören:

»Ich lese euch jetzt einen Satz aus der Weihnachtsgeschichte, aus dem Lukas-Evangelium Kapitel 2, Vers 7 vor: ›Sie brachte einen Sohn zur Welt, ihren Erstgeborenen, wickelte ihn in Windeln und legte ihn in eine Futterkrippe im Stall. Eine andere Unterkunft hatten sie nicht gefunden.‹ (Nach: Die Gute Nachricht).
Es werden einige Minuten Zeit zur Besinnung gelassen.«

4. Reden:

»Setzt euch langsam auf. Setzt euch zu zweit zusammen. Sprecht über das, was ihr erlebt habt.«

5. Danach kann ein Gespräch im Plenum folgen, in dem es u. a. um die Fragen geht:

- Was bedeutet es für mich, wenig Raum zu haben?
- Was hat die Beengung bei mir ausgelöst?
- Hat euch die körperliche Erfahrung geholfen, den Text mehr auf euch zu beziehen?
- Mit welchen anderen Erfahrungen läßt sich dieser Vorgang vergleichen?

Beispiel für Assoziations- und Übertragungsmöglichkeit: Der Vorgang wurde von den Teilnehmern in einer Fachhochschule mit dem Übergang vom Studium (der Theologie) in den Beruf verglichen, von anderen mit dem Verhältnis von Gottesdienst und Alltag. Gegen Ende des Gesprächs kann auch der Text von Vers 1–14 vorgelesen werden. Ändert das etwas?

Vorschlag C: Vergleich verschiedener Texte

Lk 2,1–7 (oder bis 12 bzw. 20) und Jh 1,1–14 (oder bis 18) werden so auf ein DIN A 4-Blatt im Querformat nebeneinander geschrieben, daß daneben noch Platz für zwei weitere Spalten ist. In die erste kann von den Teilnehmern in Einzel- oder Gruppenarbeit eingetragen werden, was gleich ist bzw. was sich ergänzt, in die zweite, was anders bzw. widersprüchlich ist.
Unter jeden der beiden Texte kann in 1 – 2 Sätzen ein charakterisierender Kommentar geschrieben werden: Dieser Bericht ist...
Im Plenum werden die Gemeinsamkeiten und Unterschiede der Texte vorgetragen und besprochen und die zusammenfassenden Kommentare vorgelesen. Betonen die Teilnehmer mehr die Unterschiede oder das Gemeinsame? Ist es sinnvoll und möglich, aus den beiden Texten *einen* zu formulieren, da es doch um ein- und dieselbe Sache geht? Wenn sich dafür eine Mehrheit zeigt und Zeit vorhanden ist, sollte es versucht werden. Das Ergebnis wird jedoch (wahrscheinlich) sein, daß es besser ist, die beiden vorhandenen Texte zu behalten. (Die Problematik der Historizität der Weihnachtsgeschichte wird durch diese Methode relativiert.)

Vorschlag D: Hirten und Engel

Die Verse 8–20 können zum Anlaß genommen werden, nach der damaligen und heutigen Bedeutung von Hirten und Engeln zu fragen. Hierfür können nach Wahl der Teilnehmer zwei Arbeitsgruppen gebildet werden, die mit einer Konkordanz und einem Bibellexikon ausgestattet werden (z. B. Reclams Bibellexikon 1978; die betreffenden Artikel können auch vom Leiter vorher exzerpiert werden).
Gruppe 1: Hirten waren zur Zeit Jesu ein wenig geachteter Berufsstand – was im Hinblick auf ihre Funktion für die Wirtschaft des Landes eigentlich verwunderlich ist. Altes und Neues Testament sprechen sehr anerkennend von Hirten (Stellen nachschlagen).
Was tun die Hirten in unserer Erzählung? (Meinungsbildung, Ent-

schluß V. 15, hingehen, finden V. 16, berichten V. 17, zurückgehen, weiterarbeiten, danken, loben V. 20). Sind sie irgendwie »typisch«? In unserer Geschichte repräsentieren sie das Volk: Sie sind in der »Nähe«, bei der Arbeit, »draußen«, abseits. Gibt es heute eine vergleichbare Berufsgruppe? – Vielleicht läßt sich dazu eine Verkündigungsgeschichte formulieren.
Gruppe 2: Die Gruppe beginnt mit der Frage: Was tun die Engel in unserer Geschichte? Wenn Engel ein Hilfsmittel sind, um etwas auszudrücken, was menschliches Verstehen übersteigt, was wollte der Verfasser der Weihnachtsgeschichte dann damit sagen?
Was ist über Engel in der Konkordanz und im Lexikon zu finden?
Die Gruppe soll sich darauf vorbereiten, dem Plenum mit einem kurzen Text zu erklären, welche Bedeutung die Engel in der Weihnachtsgeschichte haben. Dazu wird folgender Text als Vorlage angeboten, der verändert werden kann:

In der Bibel werden Engel als Wesen beschrieben, die zwischen Gott und Menschen vermitteln. Sie sind Gottes Boten und dienstbare Geister und überbrücken den großen Abstand zu Gott.
Im Neuen Testament treten Engel häufig zur Ankündigung besonderer Ereignisse auf, z. B. bei der Geburt Jesu; oder sie erklären, wenn etwas schwer zu verstehen ist, z. B. bei der Auferstehung Jesu. Sie gehen dabei in die Alltagswelt ganz durchschnittlicher und wenig geachteter Menschen hinein (u. a. zu den Hirten auf dem Feld). Neben den Boten gibt es in der Bibel Engel, die eine Art himmlischen Hofstaat Gottes bilden. Das ist auch ein Ausdruck für die große Fülle und Vielfalt der Erscheinungen und Wirkungen Gottes.

Im Plenum berichten die Gruppen einander und versuchen, das Gemeinsame an den so unterschiedlichen Akteuren in der Geburtsgeschichte herauszufinden.

Ein Wunderkind?

Lukas 2,41–52

Eigentlich hätte die lk. Vorgeschichte mit der Abschlußnotiz V. 40 enden können. Denn die Heilsbedeutung des Kindes war hinreichend in den vorangegangenen Episoden im Kontrast zur Gestalt des Täufers dargestellt worden. Doch Lukas erweitert sie noch um eine Episode des Heranwachsenden im Tempel. Ihre Einfügung spiegelt sich in der Wiederholung der Aussage von V. 40 in V. 52. Ferner gibt die Einleitung und der Schluß der erneuten Tempelszene zu erkennen, daß beide an die vorangegangene Episode angepaßt wurden. Doch das Zentrum der Perikope, das besondere Verhältnis des Jungen zu seinem wirklichen Vater, Gott, läßt erkennen, weshalb Lukas die Episode nicht übergehen mochte. Noch einmal sollte unmißverständlich klargestellt werden, daß Jesus geistgezeugt in einem innigen Verhältnis zu Gott selbst steht.

Auch der Aufbau der Episode läßt erkennen, daß sie nachträglich angefügt wurde. V. 41 überbrückt die Jahre zwischen den Ereignissen bei der Geburt Jesu und berichtet von der Gewohnheit der Eltern Jesu, jährlich der Sitte gemäß als fromme Juden zum Paschafest nach Jerusalem zu reisen. Erst mit V. 42 setzt die eigentliche Erzählung mit einer Reisenotiz und einer Situationsangabe in Jerusalem (V. 43–45) ein. Den Höhepunkt der Geschichte bilden die Verse 46–50. Danach beschließt die Rückkehrnotiz und die Wiederholung des Motivs von V. 19 die Perikope. V. 52 überbrückt dann die Zeit zwischen der »Kindheit« und der Taufe Jesu im Jordan, womit seine öffentliche Wirksamkeit beginnen kann.

Schon der Meester Van Hoogstraeten im 16. Jh. (siehe sein Gemälde im Museum der schönen Künste in Antwerpen) hat mit vielen Vorgängern und Nachfolgern diese Tempelszene Jesu meisterhaft in ein Bild umgesetzt und seine Interpretation der Episode gleich mitgeliefert. Er stellt Jesus auf einem Thron inmitten von Schriftgelehrten sitzend dar, die ihm deutlich unterlegen sind. Auf diese Weise gibt er zu erkennen, daß Jesus für ihn – auf dem Thron der Weisheit sitzend – die göttliche Weisheit selbst repräsentiert.

Von den ungewöhnlichen intellektuellen Fähigkeiten eines Jungen, dem offensichtlich eine große Zukunft winkt, erzählen auch antike Biographien berühmter Männer (vgl. Josephus, Ant. 2,230; Vita 2; Philo, Vita Mosis 1,21; Herodot 1,114f; Plutarch, Alex. 5; Philostrat, Vita Apoll. 1,7 u. a.).

Mit diesen beiden Hinweisen ist jedoch der Sinn der Episode noch nicht erfaßt. Die eigentliche Bedeutung erschließt sich, wenn man sieht, daß der Schlüssel zum Verständnis der gesamten Vorgeschichte des Lukas das Interesse an Christologie und Soteriologie (Lehre von Christus und der Erlösung) ist. In dieser Episode ist für Lukas Jesus zum erstenmal selbst imstande, sein besonderes Verhältnis zu Gott mit eigenen Worten zu bestimmen: Er ist berufen, Gott, seinem Vater, zu dienen. In seiner Antwort auf die vorwurfsvoll-besorgte Frage der Eltern (was eigentlich zu 1,26ff nicht passen will) bezieht sich nämlich das »muß« auf die göttliche Berufung. Die Vaterbeziehung zu Gott weist darüber hinaus noch darauf hin, daß Jesus schon vorher zu Recht »Sohn Gottes« genannt wurde.
Auch das Unverständnis der Eltern in dieser Situation ist »christologisch« bedingt (vgl. Lk 4,22; 9,45; 18,34; Apg 3,17). Das Unverständnismotiv gehört in der gesamten Evangelienliteratur zur Christologie schlechterdings hinzu, weil *vor Ostern* die göttliche Offenbarung unverständlich bzw. Zweifeln ausgesetzt war. Da aber Maria in der lk. Vorgeschichte eine besondere Rolle spielt, hat der Evangelist V. 51b hinzugefügt. Damit ist das Unverständnismotiv der vorgegebenen Geschichte soweit abgeschwächt, daß es den Erzählverlauf der Vorgeschichte nicht zum Schluß noch stört.
Der Aussageschwerpunkt der letzten Episode der Vorgeschichte liegt auf der *Selbstoffenbarung* Jesu als des »Sohnes Gottes«. Ihre Glaubwürdigkeit wird durch das Weisheitsmotiv unterstrichen.
Die lk. Vorgeschichte wird von einer hohen christologischen Reflexion getragen. Es geht darum, das Osterbekenntnis der hellenistischen Judenchristen in das Leben und vor allem in die Geburtsgeschichten Jesu vorzuverlegen, um es auf diese Weise in der Geschichte zu verankern, dem Credo den Vorrang vor der Geschichte zu sichern (die davon als vorösterliche Geschichte noch nichts weiß).

Praxis

Vorschlag A: Positionen – Perspektiven

Um den Gehalt und die Absicht der Geschichte zu erfassen, kann sie aus der Perspektive der darin auftretenden Personen erarbeitet werden. Es werden Gruppen für folgende Positionen bzw. Rollen angeboten (es müssen nicht alle Gruppen zustande kommen):

Jesus	Eltern
Schriftgelehrte, Gesetzeslehrer	Verwandte, Pilger, Dorfbewohner
Kommentator, Berichterstatter	Altersgenossen

1. Die Gruppen erhalten einen Abzug des Textes und ein Blatt, auf dem sie mögliche Gedanken oder Aussagen der von ihnen vertretenen Position in Stichworten oder einzelnen Sätzen aufschreiben sollen. Als Vorbereitung dafür mag ein *brainstorming* dienen, in dem Stichworte und Einfälle geäußert werden können, ohne daß darüber diskutiert oder kritisiert wird.
Jeder Gruppe können einige Sätze als Muster mitgegeben werden, z. B.:

- Wo sind denn seine Eltern?
- Hättest du dem das zugetraut?
- Das hab ich dir doch immer schon gesagt, daß in dem was Besonderes steckt.
- Man sollte ihn vielleicht Theologie studieren lassen.
- Erstaunlich, wie interessiert der Kleine ist!
- Interessant, was die da sagen! Da könnte ich noch lange zuhören. Ob ich da auch mal was sagen kann?
- Hast du denn etwas von dem verstanden, was da geredet wurde?

Jede Gruppe kann auch aus ihrer Perspektive eine eigene Überschrift für die Geschichte suchen.
2. Die Gruppen tragen dann ihre Ergebnisse im Plenum vor. Dazu können Fragen gestellt werden.
Wenn Bereitschaft und Fähigkeit vorausgesetzt werden kann, ist die Entwicklung der Positionen in einem *Rollenspiel* vorzuziehen. In diesem Fall sollte in den Gruppen vorher überlegt werden, in welcher Haltung Jesus fragt, redet, sitzt oder steht und wie die Gesetzeslehrer antworten und reagieren.
Nach dem Rollenspiel kann über die in den Gruppen erwogenen Möglichkeiten und über die Empfindungen der Spieler in ihrer Rolle gesprochen werden. Als Situationsvorgabe eignet sich am besten der Moment, in dem die Eltern Jesus im Tempel sehen, eine Weile beobachten und dann ansprechen.
Wenn die Gruppen zu den Positionen insbesondere Jesus, Gesetzeslehrer und Eltern nur mit 2–3 Teilnehmern, dafür aber mehrfach besetzt werden können, ergeben sich wahrscheinlich interessante Unterschiede in der Darstellung: War Jesus z. B. bescheiden, kritisch, aggressiv oder nur interessiert? Die Gesetzeslehrer aber ablehnend, ärgerlich, aufhorchend? Oder etwas von allem?

Vorschlag B: Spiel mit Figuren auf dem Arbeitsprojektor

Es werden Gruppen mit etwa 4–6 Teilnehmern gebildet, die neben dem vervielfältigten Text folgende vorgezeichneten Folienstücke erhalten:

Die Folienstücke werden etwas größer zugeschnitten (Umrandung in der Zeichnung), damit sie gut angefaßt werden können; sichtbar auf dem Arbeitsprojektor ist nur die Zeichnung. Wenn die Stücke umgedreht werden, ändern die Figuren die Richtung. Die Zeichnungen können auch an einem Stück mit einer Schere an die Teilnehmer ausgegeben werden, damit diese sie selbst auseinanderschneiden können.
Sie werden gebeten, mit ihren Worten die Geschichte vom zwölfjährigen Jesus im Tempel in einzelnen Bildern am Arbeitsprojektor zu erzählen und die Stücke dabei entsprechend zu kombinieren und zu verschieben (oder aus der Sicht eines Kommentators wie einen Fernsehbericht darzustellen und zu kommentieren). Vorbereitungszeit hierfür je nach Zahl der Gruppen und Teilnehmer und Zeit für die Darstellung im Plenum etwa 20–30 Minuten.
Wenn die Gruppen die Zeichnungen selbst anfertigen oder Stifte er-

halten, um sie zu ergänzen, kommen zwar die guten Zeichner zum Zug, aber es wird nicht so gut deutlich, wie mit dem gleichen und stark vereinfachten Material unterschiedlich berichtet werden kann.

Vorschlag C: Jesus und der Tempel

Als Ergänzung zu B oder als selbständige Einheit kann der Akzent bei der Bearbeitung dieses Textes auf die Bedeutung des Tempels gelegt werden – vielleicht ergibt sich das auch als Frage bei den Teilnehmern.
Mit einer Konkordanz wird festgestellt (oder auf einem Blatt eingegeben), wo der Tempel bei Lukas und bei den anderen Evangelisten außerdem noch erwähnt wird (siehe auch »Haus Gottes« bzw. »des Vaters«). Nach Jes 2,2–4 sollten von dort Recht und Friede ihren Weg in die Welt gehen. Später zieht Jesus nach Jerusalem zum Paschafest. Warum wollte bzw. sollte Jesus schon als Kind dort (gewesen) sein?
Die Teilnehmer nennen einiges, z. B.:

- Dort wurden religiöse Fragen behandelt.
- Die für den Glauben wichtigen Leute lehrten dort.
- Der Tempel war Mittelpunkt und Symbol für die jüdische Religion.

Ist Jesus also mit Luther zu vergleichen, der erst später zum Reformator wurde? Ist der Tempel einer der beiden Brennpunkte im Leben Jesu – oder ist nicht sein Platz vielmehr bei den Menschen im Lande, unterwegs, bei den Ausgestoßenen und Hilfsbedürftigen?
Läßt sich aus der Geschichte etwas für unser heutiges Verhältnis zu Gottesdienst, Kirche bzw. Tradition ableiten?
Vor welchen Schlußfolgerungen sollte bei solchen Überlegungen ausdrücklich gewarnt werden?

Antrittspredigt in Nazaret

Lukas 4,16–30

Die Beziehung zum Markus-Evangelium

Die Nazaretperikope 4,16–30 und die Berufung der ersten Jünger 5,1–11 stehen beide auf ihre Weise an zentralen Stellen in der lukanischen Darstellung des öffentlichen Wirkens Jesu. Besonders deutlich wird dies an ihrer Stellung innerhalb der lk. Komposition im Unterschied zum Markus-Evangelium; jenes hat bekanntlich den Aufriß des »Lebens Jesu« auch für die beiden synoptischen Großevangelien Matthäus und Lukas geliefert. Bei Markus faßt die Nazareterzählung (Mk 6,1–6a) in gewisser Weise das vorher berichtete Wirken Jesu in Galiläa zusammen: Seine Heimatstadt erkennt seine Weisheit, die aus seiner Predigt spricht, und erfährt sein Handeln als staunenerregende Machttaten. Aber Jesus liest an ihrer Reaktion ab (6,3), daß ein Prophet überall, nur nicht in seiner Heimat, bei seinen Verwandten und bei seiner eigenen Familie geehrt wird. Diese Einsicht hindert ihn, dort eine Machttat zu vollbringen. Nur einigen Kranken legt er die Hände auf und heilt sie, wobei er sich über ihren Unglauben verwundert.

Die auf beiden Seiten zwiespältige Reaktion findet sich auch – aber total überformt – in der lukanischen Nazaretepisode. Lukas eröffnet mit ihr im Unterschied zur Vorlage das öffentliche Wirken Jesu.

Indem der Evangelist die Episode vorzieht, verdrängt er eine vorgegebene markinische Erzählung. Bislang hatte man angenommen, die lk. Nazareterzählung sei an die Stelle der Berufungsgeschichten Mk 1,16–20 getreten. Doch zeigt die lk. Erzähleinheit 4,14–44, daß es in Hinsicht auf 4,43 (vgl. 4,18f) näherliegt, Lukas wolle mit ihr die programmatische Eröffnung des Wirkens Jesu im Markusevangelium 1,14f ersetzen. Lk 4,43 nämlich faßt das Wunderwirken Jesu in Kafarnaum im Rückgriff auf Lk 4,18f zusammen. Dabei bleibt aber die Vorlage Mk 1,14f sprachlich deutlich erkennbar. Heißt es bei Markus: »Jesus ging nach Galiläa und *verkündete* das *Evangelium* Gottes: Die Zeit ist erfüllt (vgl. Lk 4,21) das *Reich Gottes* ist nahe. Kehrt um und glaubt an das Evangelium!«, so formuliert Lukas: »Ich muß auch den anderen Städten das *Evangelium* vom *Reich Gottes verkünden;* denn dazu bin ich gesandt worden.« Die resümierende Nazareterzählung des Markus wird bei Lukas zur programmatischen Eröffnungsepisode des Wirkens Jesu. Auffallend ist nur, daß Lukas den Gedanken der Umkehrpredigt übergeht.

Ähnlich steht es mit 5,1–11 (par. Mk 1,16–20). Bei Markus folgen auf die programmatische Eröffnung 1,14f sofort die ersten Jüngerberufungen (V. 16–18.19–20). Lukas hingegen stellt die Ereignisfolge um. Er füllt den Rahmen der doppelszenigen Eröffnungserzählung 4,14–44 mit der markinischen Kafarnaumsepisode auf. Die Berufungsgeschichte(n) läßt er darauf folgen. Dabei möchte er aber zwischen beiden Episoden streng geschieden wissen. Nach den Ereignissen in Kafarnaum merkt er nämlich ausdrücklich an (4,44), daß Jesus danach in den Synagogen des Landes predigte. Aber in der folgenden Berufungsgeschichte befindet sich Jesus außerhalb der Städte am Ufer des Sees Gennesaret. Der in 4,44 entwickelte Erzählfaden von der jesuanischen Stadtmission im Judenland wird erst in 5,12ff wieder aufgegriffen.

So gewinnt auch die Berufungsgeschichte, die sich in fast allen wichtigen Details von der Markusvorlage unterscheidet, eine Abhängigkeit von ihr aber nicht leugnet, einen eigenen programmatischen Stellenwert in der lk. Komposition. Die Nazaretepisode führt in die Sendung, den Auftrag und das Geschick Jesu ein. Die Berufungsgeschichte verheißt Petrus und mit ihm allen Jüngern ihre zukünftige Missionsaufgabe.

Die lukanische Komposition

Die Nazaretepisode gehört zu einer umfassenden Kompositionseinheit, die den Grund legt für das öffentliche Auftreten Jesu. Sie umfaßt die Perikopen und Summarien von 3,21–4,44. Der vom Heiligen Geist gezeugte Jesus wird in der Taufe, für alle Anwesenden erkennbar, von Gott mit Geisteskraft gerüstet für seine nun beginnende öffentliche Wirksamkeit. Die Tauferzählung verknüpft die Vorgeschichte mit der schon von Markus vorgegebenen Jesusgeschichte. Zugleich schafft die Geistausrüstung Jesu die Voraussetzung für alle folgenden Ereignisse.
Die mit dem Taufbericht verknüpfte Genealogie (3,23–38) erinnert noch einmal bewußt an die Jungfrauengeburt (V. 23: »Man hielt ihn für den Sohn Josefs«) und die dort dem Leser geoffenbarte Geistzeugung des Kindes, eine Neuschöpfung Gottes, die dieser durch alle Generationen hindurch für die Endzeit von Anbeginn an vorgesehen hatte. Sie interpretiert die Geistesbegabung als die von Gott längst geplante und nun vollzogene Ausrüstung Jesu mit der Kraft des Heiligen Geistes (vgl. 4,1.14.18; 5,17). Ohne diese spezielle Ausrüstung (vgl. Apg 2) kann er seinen Auftrag nicht erfüllen. Die folgende Versuchungsszene in der Wüste (4,1–13) stellt für Lukas ein Intermezzo dar, das die überragende Qualität der dauernden Geistleitung Jesu offenkundig macht. Indem dieser sich gehorsam dem in der Schrift geoffenbarten Heilswillen Gottes unterstellt und den Versuchungen des Satans widersteht, gibt Jesus ein nachahmenswertes Beispiel: Die mit der Taufe gewonnene Geistausstattung verpflichtet zu einem Leben im Gehorsam gegenüber dem in der Schrift geoffenbarten Heilswillen Gottes, den der Geist auch durch die schlimmsten Gefährdungen hindurch zu verwirklichen hilft.
Danach stellt der Evangelist mit dem von ihm selbst gebildeten Summar 4,14f (par. 4,44) die beiden nachfolgenden Episoden in den galiläischen »Städten« Nazaret und Kafarnaum als programmatische Beispiele heraus. Sie entfalten je auf ihre Art den besonderen Auftrag Jesu. Erst zum Schluß beider Einzelepisoden faßt Lukas in V. 43 die Sendung Jesu zusammen. Er ist gesandt, das Reich Gottes in allen Städten des Judenlandes zu verkünden. Auf diese Weise bilden 4,14–44 den Aussageschwerpunkt der gesamten Erzähleinheit. In Nazaret gibt Jesus in einer Rede im Synagogengottesdienst das Programm seines Wirkens bekannt und läßt gleichzeitig durchblicken, welches Schicksal ihm deswegen droht.

Die Antrittsrede Jesu

Der Evangelist hat der Rede mit Bedacht die Reaktion der Zuhörer beigegeben, um das Schicksal Jesu konsequent aus seiner Botschaft abzuleiten. Die Rede selbst ist dreiteilig: Sie beginnt mit der Verlesung von Jes 61,1; 58,6 im Gottesdienst (A), die bei den Zuhörern die Erwartung auf einen Kommentar seinerseits weckt.
Dieser (B) fällt sehr knapp aus, da Jesus nur die Erfüllung dieser Schriftstelle in seiner Person bekanntgibt (V. 21). Das löst großes Staunen aus. Die Leute von Nazaret fragen nach seiner menschlichen Herkunft: »Ist das nicht der Sohn Josefs?« So bezeugen sie ihre Oberflächlichkeit und Blindheit angesichts des außergewöhnlichen heilsgeschichtlichen Datums. Denn mit Jesus erfüllt sich die alttestamentliche Verheißung des Propheten Jesaja: Mit dem öffentlichen Auftreten Jesu beginnt die langersehnte Endzeit.
Die für ihn unzureichend erscheinende Reaktion der Zuhörer veranlaßt Jesus zu einem Ausblick in die Zukunft (C). Mit zwei Sprichwörtern (V. 23f) und einer biblischen Reflexion (V. 25–27) über die überraschende Handlungsweise Gottes zur Zeit der Propheten Elija und Elischa versucht Jesus ihnen die heilsgeschichtliche Dimension seiner Botschaft sowie der schon aus der bitteren Erfahrung der Heilsgeschichte abzuleitenden negativen Reaktion der Heimat den Propheten gegenüber zu verdeutlichen.
Der Affront löst bei den Zuhörern einen solchen Zorn und Mobinstinkte aus, daß sie Jesus zu lynchen versuchen. Er aber geht – wohl in der Kraft des Geistes – mitten durch sie hindurch nach Kafarnaum hinab.

Dort wirkt er dann als Exorzist große Wunder. Seine Landsleute hätten sicherlich als Wunderbeweis deren Wiederholung gefordert, wären sie schon vor dem Auftritt in Nazaret (wie nach der Reihenfolge bei Markus) geschehen. Da aber Lukas eine »Antrittsrede« gestaltet, hat er Jesus ihre Forderung nach Machttaten als rhetorische Extravagance in den Mund gelegt. Deshalb ist sie im rhetorischen bzw. gnomischen Futur formuliert (V. 23). Auf diese Weise spielt Jesus nach Lukas hypothetisch auf eine mögliche (und aus ihrer oberflächlichen Reaktion heraus konsequent abzuleitende) Forderung nach legitimierenden Machttaten an; sie wollen seinen Anspruch, die Verheißung der Schrift zu erfüllen, mit Wundern belegt sehen.

Da der Evangelist seine theologische Absicht in dieser Perikope bündelt und in sehr komprimierter Form dem Leser vermittelt, muß in ihr auf jede Einzelheit geachtet werden. Jesus eröffnet sein Wirken programmatisch mit der Verlesung von Jes 61,1f, einer Stelle, die in der neutestamentlichen Theologie schon vor Lukas eine bedeutende Rolle spielt (vgl. die Seligpreisungen in der Feldpredigt und Lk 7,18ff; beides aus Q). Doch

hat er das Zitat aus der Septuaginta eigenhändig überarbeitet und ergänzt. Er verkürzt es um den Rachegedanken (»einen Tag der Vergeltung unseres Gottes«) und fügt anstelle der Heilung der zerbrochenen Herzen aus Jes 58,6 – auch auf die Gefahr hin, sich wiederholen zu müssen – ein: »damit ich die Zerschlagenen in Freiheit setze«.
An der lukanischen Bearbeitung der Seligpreisungen der Feldpredigt (s. S. 47ff) und von 7,18ff, die ja ebenfalls indirekt auf Jes 61,1f anspielen, läßt sich ablesen, daß Lukas die Befreiung aus realer Not bewußt hervorhebt. Gleichzeitig überarbeitet er die sich anschließende Kafarnaumsepisode in der Weise, daß die dortigen Machttaten nun fast alle als Dämonenaustreibungen verstanden werden können. Die Erfüllung des von Lukas bearbeiteten Zitats schließt Befreiungstaten, d. h. Wunder, mit ein. Im »Gnadenjahr des Herrn« zerbricht Jesus im Auftrag Gottes alle Fesseln der geknechteten Menschheit. So hebt der Evangelist die Tatsächlichkeit des Heils in der Gegenwart Jesu hervor.
Die Ankündigung der endzeitlichen Erfüllung alttestamentlicher Verheißung schließt nach Lukas aber zugleich die Forderung der Hörer mit ein, daß Jesus seinen Anspruch machtvoll vor aller Augen demonstrieren soll. Aber mit der Forderung nach einem Wunderbeweis wird die seit langem bekannte heilsgeschichtliche Regel in Kraft gesetzt, daß ein Prophet in seiner Heimat unwillkommen ist. Der tiefere Grund für die bittere Erfahrung liegt in dem unparteiischen Handeln Gottes, der sich schon immer nicht auf Israels Heil allein festlegen ließ. Gott hat die von Israel geforderte exklusive Heilszuwendung niemals akzeptiert. Vielmehr hat er mit den beiden hier angeführten Beispielen aus dem Leben der Propheten Elija und Elischa demonstriert, daß er universal denkt und handelt.

Prophetenschicksal: Verheißung und Erfüllung

Die abschließende Szene macht – wie die Rede selbst – die Episode transparent. Man erkennt, wie sich Lukas das Schicksal Jesu denkt. Trotz seiner Heilsbotschaft und seines Heilshandelns erleidet Jesus das gewaltsame Prophetengeschick. Die Landsleute nehmen den Gottgesandten zuerst mit Freuden auf, lehnen ihn dann jedoch aus dem Grunde ab, der an der bitteren Erfahrung aller Propheten (vgl. 6,23) vor ihm abzulesen ist, daß Israel in seinem Heilsegoismus den Plan Gottes mit der Welt zu durchkreuzen gedenkt. Deshalb ermordeten sie schon immer die Propheten (vgl. 13,31–33). Der Mobszene zu Beginn des öffentlichen Wirkens Jesu entspricht später seine Hinrichtung, die mit Hilfe einer Lynchjustiz (vgl. 20,13–15) möglich wird. Verblendet räumen die Juden

in Jerusalem den Gesandten Gottes aus dem Weg. Aber Jesus – so lesen wir danach – wird von Gott nicht im Tod gelassen, sondern verherrlicht, indem er den Thron Davids besteigt.
Lukas stellt also das öffentliche Wirken Jesu als Erfüllung der Verheißung Jes 61,1f; 58,6 dar. Die Exorzismen, Macht- und Wundertaten Jesu demonstrieren die Gegenwart der Heilszeit, die von den Propheten für die Nachkommenschaft Abrahams angesagt war. Somit ist Jesus als endzeitlicher Heilsträger Gottes der letzte, eschatologische Prophet während seines öffentlichen Wirkens. Er erleidet dasselbe gewaltsame Geschick wie alle Propheten vor ihm. Gott aber wird ihn verherrlichen. Den auf diese kunstvolle literarische Art bestimmten Sendungsauftrag Jesu bezeichnet Lukas in 4,43 als die Botschaft von der Königsherrschaft Gottes, die sich zugleich mit ihrer Verkündigung realisiert.
Das signalisiert einen theologischen Fortschritt in der Reflexion des Urchristentums. Für Markus gab es – jedenfalls soweit es in Mk 1,14f sichtbar wird – keinen allzu gravierenden Unterschied mehr zwischen der endzeitlichen Botschaft des Täufers und Jesu; das ist sicherlich für die Position des historischen Jesus nach seiner Abwendung von der Täuferbewegung unzutreffend. Aber es trifft für eine nachösterliche Missionstheologie durchaus wieder zu. Markus sah deshalb nur einen Unterschied in den Mitteln und bestimmte die Differenz zwischen Johannes und Jesus dahingehend, daß nicht die Taufe, sondern der Glaube an das Evangelium vor dem endzeitlichen Zorngericht Gottes bestehen hilft. Lukas hingegen sieht in Jesus die Verheißungen der Propheten sich erfüllen, d. h. für ihn ist Jesus als endzeitlicher Prophet der letzte Gesandte Gottes, der im Heilsjahr des Herrn den Willen Gottes, zu seiner Verheißung zu stehen und sie zu verwirklichen, offenbart und gleichzeitig ihre Realität demonstriert. Auf diese Weise zeichnet Lukas uns Jesus im Bilde des wohltätigen Heilands, der trotz seiner Befreiungstaten aus der Macht der Dämonen ein gewaltsames Geschick erleiden muß. Dies liegt ebenso im Heilsplan Gottes begründet wie die durch ihn vollzogene Erfüllung der prophetischen Verheißung. Lukas denkt ganz in heilsgeschichtlichen Kategorien, die das Schema von Verheißung und Erfüllung voraussetzen.
Gleichzeitig aber lassen sich an der Darstellungsweise des Evangelisten seine literarischen Fähigkeiten, theologische Entwürfe für den Leser in dramatische Szenen umzusetzen, ablesen. Seine Erzählweise zielt darauf ab, anhand eines lehrhaften Beispiels, das anschaulich und dramatisch zugleich inszeniert ist, die universale Bedeutung der Sendung Jesu zu bestimmen. Im Rahmen einer gebündelten Szenenfolge erläutert Lukas die Botschaft Jesu von der Herrschaft Gottes für dessen Geschick wie für den

Zuhörer bzw. Leser. Letzterer wird erst am Ende, falls ihm der Verlauf der Jesusgeschichte noch unbekannt ist, endgültig erfassen, daß in der Aussage V. 25–27 die gottgewollte Heidenmission impliziert war. Die dramatische Episode ist vollkommen für den Leser konzipiert. Er soll für die Jesusgeschichte eingenommen werden.

Praxis

Thema: Jesus verkündet sein Programm

Ziel: Vorbedingung und Aufgabe der Sendung Jesu verstehen und ins eigene Leben umsetzen

Mögliche Einstiege in das Thema

A. Zur Arbeitsform eines »Predigtforums« (vgl. Praktische Bibelarbeit heute, S. 69ff) bilden die Teilnehmer Kleingruppen von 3–4 Personen. Aufgabe ist es, eine kurze Predigtskizze zur Textstelle zu erarbeiten.
Folgende Hinweise können zur Erleichterung gegeben werden:

- Welche Hauptaussage des Textes müßte vermittelt werden?
- Was soll die Predigt beim Zuhörer erreichen?
- Wie könnte die Gliederung aussehen?

Die Ergebnisse werden im Plenum vorgetragen und besprochen.
B. Nachdem der Text im Plenum verlesen wurde, setzen sich einige Teilnehmer zur Inszenierung an einen Tisch und diskutieren über die Predigt Jesu, als seien sie Zuhörer damals in der Synagoge. Dabei sollten sich die Vertreter von Pro und Contra etwa die Waage halten. (Es empfiehlt sich, die Spieler schon vorher zu informieren, damit sie zu Hause den Text durcharbeiten und ihre Stellungnahme vorbereiten können.)
C. In einem Kurzreferat führt der Leiter die Komposition der Bibelstelle vor Augen:

V. 16 Einleitung
V. 17–20 Jesus liest – das Volk reagiert
V. 21–22 Jesus deutet – das Volk reagiert
V. 23–29 Jesus deutet – das Volk reagiert
V. 30 Zusammenfassung

Im anschließenden Gespräch ist herauszuarbeiten, wie die Zuhörer den Zuspruch und Anspruch Jesu als Zumutung und Anmaßung empfinden. In der sich steigernden Reaktion erfährt Jesus das übliche Prophetenschicksal: Erwartung – Beifall – Einwände – Aufruhr und Vernichtung. Es kann erarbeitet werden, wie hier (typisch prophetisch-eschatologisch) Vergangenheit, Gegenwart und Zukunft in eins gebracht sind. Jesus beruft sich auf den Propheten Jesaja und sagt: »Heute hat sich die Schrift erfüllt.« Er wird nach dem Ausweis des Evangeliums so handeln und schließlich gelyncht werden.

Schritt 2: Erarbeitung der Glaubensaussage

Wurde zum Einstieg die Form *B* oder *C* gewählt, so bilden sich nun Kleingruppen; Form *A* wird, weil sie zeitraubender ist, mit einem Vortrag des Leiters weitergeführt, wobei die Kernaussagen vermittelt werden, die sich die Kleingruppen selber erarbeiten.
Die Arbeitsanweisungen sehen etwa so aus (jede Gruppe nur eine Aufgabe!):

a) Versuchen Sie anhand der folgenden Textstellen herauszufinden, was Lukas über Jesus und die Vorbedingung seiner Sendung aussagt:
Lk 1,35; 3,22; 4,1; 4,14; 4,18.
Beschreiben Sie die einzelnen Wirkungen des Heiligen Geistes für die Person und Tätigkeit Jesu. (Darstellung auf einem Plakatkarton zwecks Vorführung im Plenum.)

b) In Lk 4,18 werden die Zielgruppen, zu denen Jesus gesandt ist, genannt. Schreiben Sie diese auf einem Plakat untereinander und vergleichen Sie das Ergebnis mit folgenden Stellen bei Lukas:
6,20–22; 7,22; 14,13; 14,21,
indem Sie die dort genannten Zielgruppen ebenfalls untereinanderschreiben und neben 4,18 setzen! Diskutieren Sie das Ergebnis und berichten Sie im Plenum!

Das Ergebnis der Gruppenarbeit (bzw. der Inhalt des Kurzvortrages) sieht etwa so aus:

a)	Lk 1,35	geistgezeugt	(Gottes Sohn)
	Lk 3,22	geistbegabt	(als Messias proklamiert)
	Lk 4,1	geistgeleitet	(ganz dem Willen des Vaters verpflichtet)
	Lk 4,18	geisterfüllt geistgesalbt	(in der Kraft des Heiligen Geistes tätig)

b)

Lk 4,18	Lk 6,20–22	Lk 7,22	Lk 14,13	Lk 14,21
Arme	Arme	Blinde	Arme	Arme
Gefangene	Hungrige	Lahme	Krüppel	Krüppel
Blinde	Trauernde	Aussätzige	Lahme	Blinde
Zerschlagene	Verfolgte	Taube	Blinde	Lahme
		Tote		
		Arme		

Wieso kann man die Bibelstelle Lk 4,16–30 »Das Manifest Jesu« nennen? Wie läßt sich der Sendungsauftrag Jesu kurz formulieren? Wieso nennt man das Lukas-Evangelium auch das »soziale Evangelium«? Erklärt sich von daher evtl. die Ablehnung Jesu durch die Reichen und Mächtigen seiner Zeit?

Schritt 3: Anwendung auf mein Leben

Lukas selbst wendet die prophetische Verkündigung der Königsherrschaft Gottes durch Jesus auf die Praxis der Apostel (und damit der vom Geist erfüllten Christen) an.
Vorbedingung der Nachfolge Jesu ist die Geistbegabung (Apg 1,4f). Für das Prophetenamt werden die Jünger mit dem Geist erfüllt (Apg 2). In schwierigen Situationen hilft und führt der Geist (Apg 4,31; 10,44; 16,6f), er stärkt sie (Apg 4,31).
Welche Konsequenzen hat das für mein Leben? Kann man Christ sein, ohne missionarisch tätig zu werden? Wie könnte eine solche Aktivität für den einzelnen, die Gruppe, die Gemeinde aussehen? (Folgerichtig müßte der Bibelkreis Aufgaben in der Gemeinde übernehmen. Dazu sollte ein praxisorientiertes Gespräch geführt werden.)
Als Abschlußlied bietet sich an »Ein Schiff, das sich Gemeinde nennt« (LP 1C 062-28 488 EMI-Columbia) oder »Gleich wie mich mein Vater gesandt hat« (LP schwann studio 322 Vol. III).

Selbsterkenntnis und Nachfolge

Lukas 5,1–11

Jüngerberufung bei Lukas

Hat auch die Perikope 5,1–11 keine Rahmung mit Summarien wie die vorangegangene Erzähleinheit, die das erste Auftreten Jesu in Wort und Tat als Beispiel für dessen weiteres öffentliches Wirken herausstellt, so steht sie doch außerhalb des Erzählfadens 4,44: Jesus habe danach in den Synagogen des »Judenlandes« gepredigt, wobei »Judäa« für Lukas nie die spezielle Provinz bzw. Landschaft, sondern immer das gesamte Judenland, d. h. Palästina, meint. Zugleich hat sich auch ihr kompositioneller Standort im Vergleich zur Markusvorlage verschoben. Aus dem Zusammenhang bei Markus – auf das Programm Jesu 1,14f folgt unverzüglich die Jüngerberufung 1,16f – läßt sich ablesen, daß für den ältesten Evangelisten das Evangelium Jesu als glaubenstiftende Botschaft die Jüngerschaft begründet. Bei Lukas hingegen müssen die Fischer am Ufer des Sees Gennesaret erst mit Jesus und seiner Botschaft (vgl. V. 1: »Wort Gottes« mit 8,11ff) bekannt werden und ihn aufgrund einer Machttat in seinem Wesen erkennen, bevor sie ihm ohne Aufforderung von seiner Seite folgen.

Markus schildert die Berufungen in Anlehnung an alttestamentliche Vorbilder. Dort nimmt Gott, hier sein Sohn (vgl. Mk 1,11), die Propheten bzw. Petrus und die Zebedäussöhne ohne Wenn und Aber in die Pflicht. Bei dem anderen neutestamentlichen Berufungsmodell hingegen ergreifen Menschen selbst die Initiative und bitten Jesus, ihm nachfolgen zu dürfen. Beide Modelle hat der Evangelist genannt. Es geht ihm nun darum, sie in seiner Darstellung miteinander zu versöhnen (vgl. die lk. Komposition 9,57–62). Einerseits nimmt Jesus die Fischer in die Pflicht und will sie zu Menschenfischern umschulen (V. 10), andererseits bringt die Machttat Petrus – stellvertretend für die anderen – dazu, sich sein Sünderdasein (V. 8) einzugestehen und sich in Jesu Schuld zu wissen. Das Wunder verhindert, daß Petrus (wie später die anderen möglichen Jünger) seine Nachfolgebereitschaft an Bedingungen knüpft. Jüngerschaft bedeutet für Lukas, sich im Glauben angesichts des erfahrenen ungeschuldeten Heils seine eigene Niedrigkeit einzugestehen und aus diesem Bewußtsein ein christliches Missionarsleben zu gestalten. Der Gedanke bestimmt fortan das lk. Jüngerbild (vgl. 7,1–11; 9,46–48; 14,7–11; 17,7–10 u. a.).
Die Beobachtungen zum lk. Nachfolgegedanken legen es nahe, daß diese Episode für Lukas eine über das Wirken Jesu im Judenland hinausreichende Bedeutung gewinnt. Denn nicht umsonst schreibt er ein Doppel-

werk, dessen zweiter Teil die missionarische Erfolgsgeschichte der Apostel und Missionare, speziell des Petrus und Paulus, trotz aller Widerstände bis nach Rom hin schildert. Deshalb hat er auf die feste Verankerung der Perikope in der ersten Phase der Stadtmission Jesu verzichtet. Sie dient ihm als Beispiel für das richtige Jüngerbewußtsein: Der Jünger soll sich angesichts des wohltätig durch Jesus geschenkten Heils seiner Niedrigkeit bewußt sein und seiner daraus erwachsenden Missionsaufgabe treu bleiben.

Die Darstellung des Lukas läßt die gemeinsame Textvorlage Mk 1,16–20 nur noch am Anfang (vgl. auch Mk 4,1) und Schluß erkennen. Im übrigen bietet sie wieder ein Beispiel dafür, daß Lukas ältere und einfachere Berichte (vgl. Mk 6,1ff mit Lk 4,16ff) durch einen späteren ersetzt.
Die lk. Textfassung gliedert sich in drei Teile (V. 1–3.4–7.8–11). War in Lk 4,16–30 die Struktur der Geschichte auf dem Prinzip actio-reactio aufgebaut, so scheint es nun eine ununterbrochene Folge von Situationen und Aktionen zu sein. Aus der Ausgangssituation (Jesus predigt der Menge am Ufer des Sees) entwickelt sich eine Handlung, die in V. 4 die Menge ausscheidet, um auf das sich schon in V. 2f ankündigende Verhältnis Jesu zu den Fischern einzugehen und es zu entfalten. Dabei setzt der Erzähler voraus, daß die Fischer das Wort Gottes an die Menge mitgehört haben, ob beim Waschen der Netze oder nachher (als Helfer Simons) im Boot bleibt dahingestellt. Wichtig ist nur, daß die Fischer die Netze »waschen« und nicht »flicken«, wie Markus berichtet. Auf diese Weise sind die Netze wieder bereit für den Fischfang. Als Jesus nun Petrus auffordert, in tieferes Wasser zu steuern, um sie dort auszuwerfen, weist dieser ihn darauf hin, daß sie die Nacht über erfolglos gefischt haben (V. 4). Nach alter Fischerregel kann man davon ausgehen, daß Fischen am hellichten Tag keinen Erfolg verspricht. Da Petrus aber Jesu machtvolles Gotteswort mitgehört hat, will er ihm vertrauen und die Netze noch einmal auswerfen.

Die Szene vom überreichen Fischfang verrät in ihren Formulierungen gewisse Kenntnisse des Evangelisten von der damaligen Fischereiorganisation (vgl. Ägyptische Urkunden in griechischer Sprache, Berlin 1123,4ff). Petrus fischt mit angeheuerten Männern (nach Josephus, BJ II.635 hatte ein Boot auf dem See Gennesaret vier Mann Besatzung) auf einem vom König gepachteten Seestück. Als Mitglieder einer Fischergilde (V. 7: »Gefährten« = Teilhaber) arbeitete er mit einem Kompagnon, den Zebedäussöhnen, zusammen. Die Darstellung des Lukas über die soziale Stellung des Petrus läßt sich auch aus Verträgen in den Papyri belegen. Danach hat sich Lukas Petrus als einen Pächter von Fischfangrechten auf dem See Gennesaret vorgestellt, der wenigstens 25 % jedes Fanges dem eigentlichen Besitzer als Steuer abtreten mußte. Ökonomisch betrachtet bedeutet dies, daß – wie Lukas im Unterschied zu Markus herausstellt – die Fischergruppe, zu der Petrus gehörte, ein prosperierendes Unternehmen war, das einen nächtlichen Mißerfolg auch einmal vertragen konnte. Hier gehorcht ein erfahrener Fischer, der sich auf sein Handwerk bestens verstand, einem Laien, dessen Predigt er nach V. 1–3 mit angehört hat. Die Botschaft Jesu veranlaßt Petrus, seine Erfahrungen als Fischer hintanzustellen und Jesus zu gehorchen.

Sünder – Jünger – Missionar

Das überreiche Fangergebnis, bei dem die Netze zu reißen drohen, offenbart nun Petrus die Distanz, die zwischen ihm und dem besteht, der das Gotteswort verkündigt. Voll Demut wirft er sich vor ihm nieder und bekennt sich angesichts der Offenbarung von Jesu Macht als Sünder. Dieses Bekenntnis des Petrus war Lukas so wichtig, daß er die Situation in einem engen Fischerboot vollständig aus dem Auge verliert. Das erwachte Bewußtsein der eigenen Niedrigkeit muß seiner Meinung nach in einer eindrucksvollen Geste, der Proskynese (d. h. Kniefall), sichtbar werden. Die Entwicklung der Geschichte auf diesen Höhepunkt hin hat im lk. Doppelwerk zwei offensichtliche Parallelen. Einmal bekennt sich der Hauptmann von Kafarnaum 7,1–10 als unwürdig, Jesus selbst in seinem Haus zu empfangen, obwohl ihn andere der Hilfe Jesu für würdig halten. Ebenso steht es mit dem ersten Heiden, den Petrus tauft, dem Hauptmann Kornelius in Apg 10. In Jesu heilvoller Gegenwart erkennt sich der Mensch als Sünder, dem ungeschuldet Außergewöhnliches geschenkt wird. In der Fischfangperikope erzählt der Evangelist die Begnadung und Erwählung des Sünders zum Jünger. Darum redet Petrus Jesus mit *kyrios* (Herr) an, eine Anrede, die hier zum erstenmal und sonst im Evangelium vorrangig die Jünger gebrauchen.
Aber die Berufung des Sünders zum Jünger ist für Lukas gleichbedeutend mit seiner Einweisung in die Funktion des Missionars bzw. des Menschenfischers. Das markinische Wort vom Menschenfischer hat der Evangelist mit einer wichtigen Abänderung übernommen. Anstelle des missionarischen Fachbegriffes betont Lukas die Art und Weise des Fangens. Petrus soll nach seiner Version Menschen »*lebendig* fangen« bzw. »vollständig lebendig machen«. In dieser doppelten Bedeutung nämlich wird das Verb von V. 10 in der damaligen Literatur verwendet. Danach hat der Auftrag der Jünger eine Leben, d. h. Heil vermittelnde Bedeutung. Dieser aber tritt erst später – endgültig und dann auf Dauer – nach Ostern in Kraft. Denn für Lukas hat die Wendung »von nun an« eine vorgreifende Bedeutung. Sie fixiert einen Zeitpunkt, der erst nach dem Abschluß des »Lebens Jesu« eintritt.

Der Evangelist beschließt seine Erzählung mit der Notiz, daß die Fischer *alles* verlassen und Jesus nachfolgen. Ohne direkte Aufforderung wie in der Vorlage

(Mk 1,17.20) folgen die Fischer freiwillig Jesus, indem sie ihre bisherigen Lebensumstände, die aus lk. Sicht gut waren, aufgeben. Sie entsagen ihrem gesamten Besitz, um sich der neuen Aufgabe ohne Kompromisse zuwenden zu können.
Daß Lukas die Fischer nicht wie die Vorlage als arme Leute betrachtet, ist als Hinweis auf die lk. Stellung zu Reichtum und Besitz kennzeichnend. Dennoch darf aus der Berufungsgeschichte nicht geschlossen werden, Verzicht auf Geld und Besitz wolle der Evangelist nur den kirchlichen Amtsträgern zumuten. Das Gegenteil zeigen die Anfangskapitel der Apostelgeschichte, wo er die Anfänge der Kirche mit Hilfe antiker utopischer Ideale von einer sozialistischen Gesellschaft schreibt. Eine Einengung auf die Amtsträger lenkt deshalb von der eigentlichen Aussageabsicht ab. Vielmehr kommt nach Lukas Petrus selbst 18,28 noch einmal auf ihr Verhalten in 5,11 zu sprechen. Danach erst verspricht Jesus seinen Jüngern: »Amen, ich sage euch: Jeder, der um des Reiches Gottes willen Haus oder Frau, Brüder, Eltern oder Kinder verlassen hat, wird dafür schon in dieser Zeit das Vielfache erhalten und in der kommenden Welt das ewige Leben.« Die Jünger haben nicht wegen des Lohnversprechens mit ihren Lebensumständen gebrochen, sondern haben um des noch jenseitigen Gottesreiches willen auf alles verzichtet. Die Botschaft Jesu (vgl. 4,43) verlangt also den Bruch mit den bisherigen Lebensumständen und eine kompromißlose Nachfolge.

Nach dem Durchgang durch die gesamte Episode muß sie nun in das Kompositionsgefüge des lk. Doppelwerkes eingepaßt werden. Die außergewöhnliche Stellung der Perikope außerhalb des eigentlichen Erzählfadens von der Stadtmission Jesu im Judenland weist ihr eine über das »Leben Jesu« hinausgehende Bedeutung zu. Auch die auffallende Reaktion des Petrus auf das Wunder ist kein beherrschendes Element anderer Wundergeschichten im Evangelium des Lukas. In keiner weiteren Erzählung über eine Machttat Jesu wird sich ein Betroffener als Sünder bekennen. Selbst die Jünger im Seesturm 8,22–25 reagieren nicht auf diese Weise. Die Anfangsberufung des Petrus und der Zebedäussöhne hat eine das Evangelium übergreifende Bedeutung.

Doch sollte man nicht vorschnell mit Hinweis auf Jh 21 behaupten, Lukas habe eine ältere Ostergeschichte in das »Leben Jesu« zurückprojiziert. Es liegt vorerst näher, daß die Episode das Umkehrmotiv aus Mk 1,14f entfalten soll. Denn das Umkehrmotiv fehlte bislang in der lk. Version der Botschaft Jesu. In Nazaret wie in Kafarnaum hat Jesus nicht Umkehr gepredigt. Der Tatbestand ist umso auffallender, als diese in den Missionsreden der Apostelgeschichte eine bedeutende Rolle spielt. Auch Petrus reagiert mit seinem Selbstbekenntnis nicht auf einen Umkehrruf Jesu, sondern aufgrund eines Wunders. Die machtvolle Gegenwart Jesu läßt ihn seine wahre Identität als Sünder erkennen. In diesem Sinn ist nach Lukas vor Jesu Tod und Auferstehung nur der Glaubende, d. h. der Jesu heilvolle Gegenwart zur Selbsterkenntnis nutzende Jünger in der Lage, sich als Sünder zu bekennen. Erst in der Apostelgeschichte setzt die Umkehrpredigt der Apostel und Missionare ein. Das wird der historischen Sachlage eher gerecht als die Markus-Version, wo Jesus gleichermaßen wie der Täufer als Umkehrprediger dargestellt wird.

Die Berufungsgeschichte weist also nur indirekt auf Ostern und die daraus resultierende Missionstätigkeit der Jünger hin. Sie verhehlt aber nicht, daß nur der zur Selbsterkenntnis fähige Mensch, der sich als Sünder erfährt, wenn ihm Gott durch Jesus Heil widerfahren läßt, zum lebenspendenden Missionar und Umkehrprediger eingesetzt wird. Nur unter der Voraussetzung der Erkenntnis der eigenen Sünderexistenz ist jemand zum christlichen Missionar bestimmt. Jede christliche Selbstgerechtigkeit soll damit aus lk. Sicht von vornherein ausgeschlossen werden. Aus all diesen Gründen hat Lukas die vorgegebene Berufungsgeschichte auf so aufwendige Weise überarbeitet. Petrus wird zum Vorbild des rechten Gläubigen und Missionars.

Praxis

Thema: Hören – Vertrauen – Gehorchen

Niemand läßt sich gern von einem fremden Menschen in seine privaten Angelegenheiten dreinreden. Niemand läßt sich in seinem Beruf etwas vorschreiben von jemand, der nichts von der Sache versteht. Was ich mir von einem anderen Menschen sagen lasse, hängt wesentlich davon ab, welche Kompetenz ich dem anderen zuschreibe und wie meine persönliche Beziehung zu ihm aussieht. Ein Schüler, der einen bestimmten Lehrer verehrt, wird diesem nicht nur den »Stoff« abnehmen, sondern auch seine Meinungen und Vorlieben interessant und nachahmenswert finden. Auch in der Kommunikation zwischen Erwachsenen spielt die Beziehung eine wichtige Rolle. Selbst gutgemeinte Ratschläge eines Nachbarn werden mich kaum beeindrucken und bewegen, wenn dieser Nachbar mir unsympathisch erscheint oder ich ihn nicht als kompetent betrachte.
Der Text von der Berufung der ersten Jünger will uns zum vertrauensvollen Hören auf die Botschaft Jesu einladen. Dieses Vertrauen belohnt Jesus mit der Berufung in seine Nachfolge.

Vorschlag A

1. In seiner Hinführung zum Thema »Hören – Vertrauen – Gehorchen« nimmt der Leiter einzelne Gedanken aus der obigen Einführung auf. Ähnlich wie im sozialen Bereich wird sich an der persönlichen Beziehung zu Jesus entscheiden, was ein Mensch von ihm erwartet und

was er von ihm annehmen kann (im Hören auf die Bibel, auf die Predigt).
2. Dann sprechen die Teilnehmer in Kleingruppen (ca. 3 Personen) über folgende Fragen:

- Was erwarte ich von Gott, wenn ich in der Bibel lese oder eine Predigt höre?
- Warum erwarte ich viel/wenig/nichts?

3. Im Anschluß an das Gruppengespräch und als Überleitung zur Beschäftigung mit dem Text können die Gedanken der Einführung noch einmal aufgenommen und aktualisiert werden (»mein Vertrauen und meine Erwartung entscheiden darüber, was für mich Bedeutung gewinnt beim Hören«). Ferner kann hier der Hinweis stehen, daß es im Neuen Testament eine Geschichte darüber gibt, wie ein Mensch, der Jesus bereits kannte (Lk 4,38ff), ihn durch vertrauensvolles Hören neu erlebt.
4. Jetzt liest der Leiter den Text Lk 5,1–11 vor und erläutert einzelne Aspekte, z. B. die im Text erwähnten Hörer:

- interessierte Predigthörer, die sich um Jesus herum drängen (ohne weitere Reaktionen)
- Simon, der eine Bitte Jesu erfüllt
- Simon, der den Auftrag zu dem Fischfang hört, seine Zweifel an der Kompetenz Jesu überwindet und im Vertrauen auf Jesu Wort den Auftrag ausführt
- Jesus, der das Schuldbekenntnis des Simon hört und annimmt
- Simon, den das »Fürchte dich nicht!« Jesu ermutigt und dem der Auftrag Jesu, Menschen offensiv zu gewinnen, neue Ziele setzt

5. Daran kann sich noch ein Gespräch im Plenum anschließen, bei dem die Antworten und Fragen aus den Kleingruppengesprächen aufgenommen und mit dem Bibeltext konfrontiert werden.

Vorschlag B

1. Für eine Einzelbesinnung benötigt jeder Teilnehmer Papier und Schreibzeug. Hier soll sich jeder Teilnehmer überlegen, an welchen Stellen er zur Zeit

- eine Krise erlebt
- ungelöste Konflikte hat
- sich in einer ausweglosen Situation befindet

und sich diese Situationen stichwortartig aufschreiben.

2. Danach wird der Text Lk 5,1–11 gelesen, und der Leiter erzählt diese Geschichte noch einmal ausführlich und beleuchtet dabei vor allem die Gestalt des Simon Petrus (s. a. Vorschlag A).
3. Dann folgt eine zweite Einzelbesinnung. Jeder soll nun versuchen, die notierten Situationen neu zu betrachten und im Vertrauen auf Jesu Verheißungen zu verwandeln im Sinne des Simon Petrus »... aber auf dein Wort!« und sehen, wie sich dann seine Haltung, seine Perspektive und die Situation selbst verändern.
4. Im Anschluß daran ist es vielleicht einzelnen Teilnehmern möglich, etwas von dem zu erzählen, was sie jetzt durch die Beschäftigung mit dem Wort des Simon erlebt haben: Abschließen kann der Leiter auch mit eigenen Erfahrungen zum Thema.

Vorschlag C

1. In nicht zu großen Gruppen läßt sich der Text leicht in verschiedene Szenen aufteilen und malen oder zeichnen. Folgende Szenen sind denkbar:

- Jesus redet und Menschen hören zu
- Jesus beauftragt den Fischer Simon
- Simon zweifelt am Erfolg
- Simon überwindet seine Bedenken und führt den Auftrag aus
- Simon macht den größten Fischfang seines Lebens
- Simon erkennt durch den außergewöhnlichen Fang die göttliche Vollmacht Jesu und sich selbst als Sünder
- Jesus beauftragt Simon Petrus nun »Menschen zu fangen«, und dieser sowie Johannes und Jakobus folgen ihm nach

2. In kleinen Gruppen malen die Teilnehmer die einzelnen Szenen. Sie versuchen zunächst ihre Szene im Zusammenhang zu verstehen und im Bild dann das auszudrücken, was ihnen besonders wichtig erscheint; dabei kann es zu intensiven Gesprächen kommen.
3. Im Plenum werden die Bilder dann nebeneinander aufgehängt (als Wandfries in der richtigen Reihenfolge) und wie eine Ausstellung besichtigt. Die Gruppen teilen dann jeweils ihre Gedanken dazu mit. (Die Darstellung der Bilder eignet sich auch als Element in einem Familien-Gottesdienst.)

Umkehrung aller Maßstäbe

Lukas 6,20–49

Bergpredigt und Feldpredigt

Lk 4,43f faßt nicht nur die programmatische Eröffnung des öffentlichen Wirkens Jesu in den galiläischen »Städten« Nazaret und Kafarnaum zusammen, sondern bietet zugleich auch einen Ausblick auf das weitere Handeln Jesu im Judenland. Jesus predigt »in der Kraft des Herrn« (5,17) in den palästinischen Städten und in deren Synagogen. Er verstärkt dann aus der Sicht des Evangelisten noch seine Tätigkeit von 8,1ff an. Dort resümiert Lukas wiederum wie in 4,44 das Wirken Jesu. Er schreibt, Jesus sei »von Stadt zu Stadt und von Dorf zu Dorf« gewandert und habe das Evangelium vom Reich Gottes verkündet. Die Intensivierung seines missionarischen Bemühens im gesamten Judenland hängt für den Evangelisten mit dem Wissen Jesu zusammen, daß der Zeit seines freien, öffentlichen Wirkens göttlicherseits eine Grenze gesetzt ist (vgl. 9,22.31.43b–45). Er muß nämlich dem Plan Gottes gemäß nach Jerusalem in den Tod ziehen (vgl. 9,31 mit 9,51). Innerhalb des Rahmens von der Stadtmission Jesu hat Lukas nun die Perikopen vom wunderbaren Fischfang, von der Apostelwahl 6,12–16 und der Feldpredigt 6,17–49 deutlich abgesetzt. Sie spielen nicht in der Stadt, sondern auf dem Lande. Ihre herausragende Stellung offenbart ihre Zentralität für die umfassende Aussageabsicht des Evangelisten. Dennoch steht bislang die »Feldpredigt« des Lukas im Schatten der Bergpredigt des Matthäus.

Die programmatischen Predigten Jesu bei Matthäus und Lukas beginnen gleichermaßen mit den Seligpreisungen und enden mit dem Gleichnis vom rechten Hausbau. Dazwischen sind ihnen auch noch manche Einzelworte gemeinsam. Darum haben beide nach der Zwei-Quellen-Theorie eine gemeinsame Vorlage – die »programmatische Predigt« Jesu in der Redenquelle (Q) – benutzt. Da Matthäus erkennbar aus den zerstreuten Worten Jesu thematisch einheitliche Reden Jesu komponiert (vgl. Kap 13; 24; 25), hat man häufig aus dieser Einsicht die Konsequenz gezogen, daß dann eben Lukas der ursprünglichen Fassung der Predigt Jesu nähersteht. Doch sollte man beiden Evangelisten das gleiche Recht einräumen, daß sie ihre Vorlagen je auf ihre Weise der eigenen theologischen Aussage gemäß überarbeitet haben. Das trifft in der Tat für die lk. Version der »programmatischen Rede« zu. So sind m. E. die Weherufe vom Evangelisten hinzugefügt, um in »fast schon peinlicher« Parallelität die Seligpreisungen zu kontrastieren. (So kann Lukas auch in 17,1 selbständig einen Weheruf formulieren.) Auch die Stilisierung des ursprünglichen Gebots von der Feindesliebe V. 27–38 geht auf das Konto des Evangelisten. Es ist ein Paradebeispiel für die Aktualisierung christlicher Grundwerte in einer neuen geschichtlichen und kulturellen Situation. Die Überarbeitung belegt die These, daß die Kontinuität des Evangeliums in der Diskontinuität der Zeiten und Kulturen nur mit Hilfe der Interpretation (viva traditio) gelingen kann, falls man nicht zum Diener toter Buchstaben (2 Kor 3,6) werden will.

Die Hörer

Der Evangelist hat die Feldpredigt durch die Einleitung 6,17–20a und die abschließende Notiz 7,1a gerahmt. Die Einleitung beschreibt, wie dem zusammengeströmten Volk durch die Wunderkraft Jesu Heil widerfährt. Gleichzeitig wird betont, daß es nicht nur auf Wunder aus, sondern auch hörbereit ist. Dennoch ist die Rede nach Lukas nicht allein an das auf einer Ebene unterhalb des Berges der Apostelwahl (6,12) versammelte Volk, sondern nach V. 20a besonders an die Jünger gerichtet.
Diese Information darf man nicht in dem Sinne mißverstehen, als habe Jesus aus lukanischer Sicht nur die Jünger belehren wollen und erst nach den Weherufen hätten seine Worte auch dem Volk gegolten. Vielmehr richtet Jesus sein Wort zwar vorrangig an die Jünger, aber gleichzeitig auch an das hörwillige Volk. Eine exklusive Jüngerbelehrung Jesu wie bei Markus hat Lukas nicht im Sinn. Man versteht deshalb den Neuansatz V. 27 besser im Sinne von 8,8–15: Die in den Weherufen Bezeichneten sind solche, die das Wort zwar hören, aber es unbeachtet lassen (vgl. 16,27ff). Der Neubeginn V. 27 würde dann sinngemäß lauten: »Aber ich sage euch, den Hörenden«, d. h. er spricht zu all denen, die ihn richtig hören und aus den Seligpreisungen und Weherufen Konsequenzen ziehen wollen. Da in V. 39 ein weiterer Neuansatz der Rede erkennbar ist, zerfällt die Feldpredigt in einen prophetischen (V. 20b–26), einen paradigmatischen (V. 27–38) und einen parabolischen Abschnitt (V. 39–49).

Selig und Wehe

Der »prophetische« Teil umfaßt die Seligpreisungen und Weherufe. Sie sind einander antithetisch gegenübergestellt. Dabei gehören die Seligpreisungen zum ältesten Bestand neutestamentlicher Herrenworte. Ursprünglich gab es wohl nur die ersten drei der Lukasfassung, die vierte, die sich auch formal von den vorhergehenden unterscheidet, ist nachträglich – aber schon in der Redenquelle – hinzugekommen. Sie verengt die Heilszusage auf den Kreis der Jünger und spiegelt die mißliche Lage der Q-Gruppe, die mit ihrem erneuten Versuch, Israel im Sinne Jesu zu bekehren, gescheitert ist (vgl. Lk 10,13–15 par; Q). Der charismatische Redner, der diesen vierten Makarismus angefügt hat, tröstet die Gruppe mit dem Hinweis, daß ihnen die Zusagen des Herrn gelten, d. h. ihnen ist trotz des Mißerfolges und des Hasses ihrer Landsleute als Propheten Jesu die Königsherrschaft Gottes gewiß. Die Q-Fassung dürfte folgenden Wortlaut gehabt haben:

Selig die Armen,
denn ihnen gehört das Reich Gottes.
Selig die Hungernden,
denn sie werden satt werden.
Selig die Weinenden,
denn sie werden lachen.
Selig seid ihr, wenn sie euch (aus der Synagoge?) ausschließen, euch beschimpfen und euren Namen (»Christen«? Apg 11,26) in Verruf bringen um des Menschensohnes willen.
Freut euch und jauchzt,
euer Lohn im Himmel wird groß sein.
Denn ebenso haben es ihre Väter mit den Propheten gemacht.

Die Rekonstruktion macht die wesentlichen redaktionellen Tendenzen der Überarbeitung sichtbar. Lukas wählt die Form der direkten Anrede. Zugleich verschärft er den Unterschied zwischen der erbärmlichen Situation der Angeredeten in der Gegenwart (»jetzt«) und ihrem Glückszustand im zukünftigen Reich Gottes. Im Widerspruch zu einer bisweilen geäußerten Meinung von Auslegern, Lukas »enteschatologisiere« die jeweiligen Vorlagen, d. h. er sei nicht mehr so stark am zukünftigen Reich interessiert, wird hier eine gegenläufige Tendenz erkennbar: Der Evangelist formuliert durchaus eschatologische Aussagen, und zwar immer dann, wenn es um die jenseitige Vergeltung der diesseitigen Praxis der Menschen geht. Außerdem verallgemeinert er hier die vorgegebene Aussage, indem er in V. 22 die allgemeine Notiz »wenn euch die Menschen hassen« (vgl. V. 27b) als »Überschrift« einfügt.
Diese Tendenzen setzen sich in den Weherufen fort. Den Armen werden die Reichen gegenübergestellt. Reichtum aber ist ein bevorzugtes Thema des Evangelisten (vgl. 1,53; 8,14; 12,15ff; 16,14.19–31; 18,18–30 u. a.) Wie der Reiche bzw. der Mächtige in Lk 1,51–53 und sonst an anderen Stellen (vgl. 22,25 u. a.) gemaßregelt wird, so droht Lukas hier wie überall in seinem Doppelwerk jeder Erscheinung des satten Reichtums, selbstzufriedener Wollust, Schlemmerei und des »Lieb-Kind-Seins« (vgl. 11,43; 14,8; 16,15) bei jedermann zukünftige Vergeltung an.

Die unüberbrückbar scheinende Kluft zwischen den Seligpreisungen und den Weherufen hat nun manchen veranlaßt, die Weherufe in gewisser Weise aus der Feldrede auszuklammern. Sie könnten in dieser massiven Form der Drohung am wenigsten auf die Jünger passen, und auch auf die anderen Zuhörer träfen sie nicht recht zu. Deshalb sei man gut beraten, sie an Außenstehende gerichtet sein zu lassen. Aber die Hervorhebung der Diskrepanz der jetzigen und der zukünftigen Situation im Reich Gottes legt ein anderes Verständnis der lukanischen Intention nahe. Da schon in Q die Jünger als Heilsträger genannt waren, war der Evangelist genötigt, die Notiz V. 20a einzufügen. Aber nach Lukas gilt für die Jünger wie für das hörwillige Volk dasselbe: Die Gegenwartssituation der in den Seligpreisungen Angesprochenen birgt allein die Heilszusage; jeder aber, auf den die Beschreibung der Weherufe zutrifft, verfällt unweigerlich der zukünftigen Vergeltung. Die Weherufe enthalten die Mahnung, Armut, Hunger, Trauer und Verfolgungen nicht als untragbar anzusehen, sondern gerade in ihnen das Unterpfand des Heils zu erkennen, das Jesus allen zugesagt hat, die ihm auf diesem von Gott gewiesenen Weg in dessen Herrschaftsbereich folgen.

Dieser Linie im Gedankengang des Evangelisten entspricht eine andere, die in 5,11 erstmals erkennbar wurde. Der Reiche und Wohlsituierte hat als Christ mit seinem Besitz so umzugehen, »als hätte er ihn nicht« (1 Kor 7,29–31). Nicht umsonst verstärkt Lukas überall die Nachfolgeworte in diesem Sinne. Die Jünger sollen *alles* verlassen, *tagtäglich* ihr Kreuz tragen und Jesus nachfolgen.

Diese Tendenz wird vor allem auch in der Abschiedsrede des Paulus in Milet (Apg 20,18–35) hervorgehoben. Sie ist anerkannterweise einer der wenigen Texte im lukanischen Doppelwerk, die einen Einblick in die aktuelle Situation der Gemeinde des Evangelisten gestatten. Für einen Moment unterläuft Lukas seine erklärte Absicht, Geschichte zu schreiben, d. h. Vergangenes zu erzählen, um einen Ausblick in die eigene Gegenwart zu gestatten. Die Rede beendet Paulus mit der ermahnenden Aufforderung (V. 35) an die Ältesten, seinem Beispiel zu folgen »und sich der Schwachen anzunehmen, in Erinnerung an die Worte Jesu, des Herrn, der selbst gesagt hat: Geben ist seliger als nehmen«. Dieser Schluß legt nahe, daß die lukanische Gemeinde wohl eine größere Zahl reicher Mitglieder zählte. Sie werden aufgefordert, von ihrem Besitz einiges für die »Schwachen« abzugeben und ihn nicht noch zu vermehren.
Aus diesem Blickwinkel lassen sich auch andere lukanische Äußerungen besser verstehen. In Lk 8,2f wird von reichen Frauen berichtet, die Jesus in dessen missionarischem Bemühen finanziell unterstützen. Auch die lukanische Typisierung der Pharisäer als geldgierige »Scheingerechte« (vgl. 16,14) entspricht dieser Aussage. Außerdem sollte man bedenken, falls man bereit ist, die Abfassung des lukanischen Doppelwerkes in die Zeit der flavischen Cäsaren zu datieren, daß diese Epoche dem römischen Reich im Osten wie im Westen wirtschaftliche Prosperität und Wohlstand für breitere Kreise schenkte.

Die Weherufe können also durchaus von Lukas mit Blick auf die Jünger, d. h. auf die eigenen Gemeindemitglieder formuliert worden sein. Deshalb richten sie sich nicht an Außenstehende, sondern an Christen und

dem Christentum Nahestehende, die der Gefahr erliegen könnten, ihren Reichtum falsch einzusetzen.
Die Einsicht in die Erzählabsicht des Lukas erklärte seine Überarbeitung des ersten Teils der Feldpredigt. Aus der direkten Heilszusage des Messias an die konkret Armen in Israel, daß Gott ihre Lebensweise als einen Skandal ersten Ranges empfindet, den er in seiner Herrschaft abzuschaffen gedenkt, wird bei Lukas eine normative ethische Unterweisung über die wahre Jüngerschaft. Armut und Verfolgung sind die Kennzeichen eines Jüngerlebens, das von den Verlockungen des Reichtums und der Lebenslust der Weltzeit bedroht ist. An anderer Stelle (18,18–28) läßt der Evangelist deshalb Jesus sagen: »Wie schwer ist es für Menschen, die viel besitzen, in das Reich Gottes zu kommen!« Und Petrus erwidert darauf: »Du weißt, wir haben unser Eigentum verlassen und sind dir nachgefolgt.«

Die Feinde lieben

Der »paradigmatische« (lehrhaft-beispielhafte) Teil der Feldpredigt entfaltet die ethische Unterweisung an konkreten Beispielen (Paradigmen) weiter. Das ursprüngliche Gebot Jesu, die Feinde zu lieben, aktualisiert der Evangelist auf dem Hintergrund der hellenistischen Gegenseitigkeitsethik (vgl. 14,12–14). Denn es fällt auf, daß er sich in V. 27b.c inhaltlich wiederholt. V. 27b fordert wie in Q die Feindesliebe. V. 27c variiert das Thema mit »Tut denen Gutes, die euch hassen!« Vom »Haß« der Menschen war schon V. 22 die Rede, und zwar im Blick auf die Feinde der Jünger; vom »Gutes tun« wird in V. 32–38 die Rede sein. Die Vor- und Rückverweise weisen auf eine durchstilisierte Komposition hin, die eher für Lukas als für den Redaktor der Redenquelle spricht. Das wird noch deutlicher, wenn man sieht, wie in V. 35 zusammengefaßt wird. Zuerst wird das Feindesgebot wiederholt und danach auf das voraussetzungslose Wohltun verwiesen, um zum Schluß nach der Aussage über die zukünftige Vergeltung noch einmal auf die »Goldene Regel« V. 31 anzuspielen.
Demnach ist dieser Teil des paradigmatischen Abschnittes formal eine Ringkomposition. An ihr ist besonders interessant, wie Lukas das Liebesgebot Jesu in eine neue kulturelle Situation übersetzt. In unserer bürgerlichen Gesellschaft lebt noch viel vom hellenistischen Ideal der Gegenseitigkeit. Heute reagiert man auf das Geschenk eines anderen mehr oder minder mit dem Gefühl und dem inneren Drang, es ihm auf seine Art wieder gutzumachen. Damals war jedoch das Gefühl einer inneren zwanghaften Verpflichtung so noch nicht entwickelt. Im Gegenteil, im

antiken Griechenland und Rom war die Gegenseitigkeitsethik das Herz der sozialen Wohlfahrt. Die soziale Basis der hellenistischen Gesellschaft läßt nun der Evangelist Jesus mit der Forderung zerbrechen, auch dann noch zu geben, wenn einem dafür kein Ausgleich geschaffen wird. Nur auf diesem Hintergrund kann man dem Evangelisten verzeihen, daß er auf das zentrale Gebot des Christentums, seine Feinde zu lieben, in V. 35 den kommerziellen Satz folgen läßt: »und sollt Gutes tun und leihen, auch wo ihr nichts dafür zurückerhoffen könnt.« Die ethische Radikalität Jesu dehnt er auf den ökonomischen Bereich aus.

Konsequenterweise führt ein solcher Umgang mit Besitz zu der Armut, der das Heil Gottes in den Seligpreisungen zugesagt ist. Darauf spielt Lukas in V. 35 an, wenn er schreibt: »Dann wird euer Lohn groß sein, und ihr werdet die Söhne des Höchsten sein.« »Söhne Gottes« aber sind 20,35f alle, die der Auferstehung würdig sind. Damit schlägt der Evangelist eine Brücke zu den eschatologischen Zusagen der Seligpreisungen. Jedem Jünger, der sich im Sinne der Feldpredigt in seinem Leben bewährt, verspricht Jesus, daß er nicht im Tode belassen, sondern (unmittelbar nach dem Tod; vgl. S. 140) auferweckt und zu den »Söhnen Gottes« gerechnet wird.

Die lk. Aussagetendenz ist ein bedeutsamer Schritt in Richtung auf eine Individualethik. Der sich hier offenbarende ethische Vergeltungs- bzw. Lohngedanke in seiner eschatologischen Ausrichtung läßt es unangebracht erscheinen, von einer Tendenz des Evangelisten zu sprechen, er habe die Botschaft Jesu »enteschatologisiert«. Vielmehr ist richtig, daß zwar die Naherwartung abgebaut, aber die Bedeutung der Eschatologie für die Individualethik erkannt worden ist. Neben V. 35 signalisiert besonders der Abschluß des paradigmatischen Teils V. 38 diese Tendenz. Dort heißt es nämlich wörtlich übersetzt: »Mit welchem Maß ihr meßt, wird euch gegengemessen werden.« Die lk. Überarbeitung von Mk 4,24 (par. Mt 7,2) signalisiert erkennbar die eschatologische Bedeutung des richtigen Verhaltens in der Gegenwart.

Dennoch ist der Vorwurf unberechtigt, Lukas rede einem in der Kirchengeschichte so häufig begegnendem Vergeltungsglauben das Wort. V. 36 und 7,1–10 steuern einem solchem Mißverständnis entgegen. Die Wohltaten des Christen sind vor Gott nicht einklagbar, weil Gott in seiner alles überwältigenden Barmherzigkeit den Jünger erst freigesetzt hat zu einem sozialen Verhalten, das dem nacheifert, was Gott immer schon aus der Sicht Jesu vorgelebt hat: »Seid barmherzig, weil auch euer Vater barmherzig ist!.«

Hören und Tun

Der die Feldpredigt beschließende »parabolische« (gleichnishafte) Abschnitt V. 39–49 dient dem Zweck, mit verschiedenen Bildworten zu verdeutlichen, welche Folgen die Beachtung oder Nichtbeachtung der Worte Jesu für die Jünger haben können. Dabei hebt Lukas eine Forderung besonders hervor, die er wiederholt in seinem Evangelium unterstreicht. Es nützt niemandem, wenn er die Worte Jesu hört und für gut hält, aber sie nicht in die Praxis umsetzt (vgl. 6,46f mit 8,21; 11,28). Auf diese Weise stellt Lukas klar, daß für ihn die Worte Jesu in der Feldpredigt keine hehren ethischen Ideale sind, denen nur wenige und auch sie nur annäherungsweise gerecht werden könnten. Vielmehr betrachtet er – ebenso wie die Vorlage – die Ethik Jesu als praktikabel für jeden Christen. Dies verdeutlicht besonders das Schlußgleichnis vom rechten Hausbau (Lk 6,47–49 par. Mt 7,24–27).

Obwohl sich wegen der unterschiedlichen bautechnischen, klimatischen und geologischen Voraussetzungen die beiden parallelen Textfassungen stark unterscheiden, wobei der Evangelist erwartungsgemäß dem Erfahrungshorizont seiner hellenistischen Leserschaft entgegenkommt, ist der Wortlaut und die Form der Vorlage ausreichend rekonstruierbar. In dem zweigliedrigen Gleichnis werden die unterschiedlichen Bauweisen und das jeweilige Schicksal des Hauses bei einem heftigen Sturm kontrastiert. Das Haus, das auf Felsen gebaut wurde, übersteht ihn; das andere aber, das ohne ausreichendes Fundament errichtet wurde, stürzt in sich zusammen.

Auf diese Weise werden dem Leser zwei Verhaltensmöglichkeiten dem Wort Jesu gegenüber angeboten. Doch nur die erste hat im Endgericht Bestand. Schon in der Logienquelle mahnte das Bildwort das rechte Handeln im Sinne der eben gehörten Worte Jesu an. Lukas kann es, ohne den Sinn allzusehr zu verändern, übernehmen, da es den ihm so wichtigen eschatologischen Gedanken der zukünftigen bzw. jenseitigen Vergeltung zum Ausdruck bringt. Nur der, der gegenwärtig gehorsam das Wort Jesu in seinen Lebenswandel umsetzt, hat die Chance, im zukünftigen Gericht zu bestehen.

Demnach sind für den Evangelisten die Worte Jesu vorrangig praxisrelevant. Wer sie in die Tat umsetzt, baut sein Haus, indem er die Erde tief aushebt und dadurch das Fundament auf einen Felsen stellt (V. 48, anders Mt 7,24), das Bestand haben wird. Die Betonung dieser Aktivität des Bauherrn ist der einzige Aussageakzent, den der Evangelist der Urfassung erkennbar hinzugefügt hat.

Praxis

Thema: Feinde lieben

Das radikale Wort Jesu »Liebt eure Feinde!« wird oft seiner Schärfe durch das Argument beraubt, daß man in dieser Welt so nicht leben und erst recht nicht regieren könne. Weiteres Nachdenken erscheint dann überflüssig. Außerdem ist es in unserer Gesellschaft nicht »in«, Feinde zu haben und über solche zu sprechen. Das Freund-Feind-Denken wurde im zwischenmenschlichen Bereich weithin durch das liberale Motto »Jedem das Seine« verdrängt.
Die Folge ist eine oberflächliche Toleranz, die jedem seinen Geschmack, seinen Lebensstil und seinen Glauben zugesteht, ohne eine kritische und fruchtbare Auseinandersetzung. Kontakte sucht man nur mit Gleichgesinnten; auf Menschen mit anderer Meinung kann man verzichten. So entstehen im Kleinen wie im Großen Cliquen und Gruppen, die nur noch um sich selbst besorgt sind. »Die anderen« sieht man nicht als Feinde, weil man sie gar nicht mehr als Menschen wahr- und ernstnimmt.
Dem steht das zentrale Gebot Jesu entgegen, das aus dem Glauben an den barmherzigen Vater im Himmel kommt, der auch den Undankbaren und Bösen gnädig ist und der will, daß wir unsere Feinde ernst nehmen und lieben.

Vorschlag A: Freunde und Feinde

1. Der Leiter beginnt damit, daß er ein Plakat aufhängt, das durch eine senkrechte Linie in eine linke und eine rechte Hälfte geteilt ist. Die linke Hälfte überschreibt er mit dem Stichwort »Freunde«, die rechte Hälfte mit dem Stichwort »Feinde«. In der Form eines *brainstorming* sollen die Teilnehmer zunächst zum Thema der linken Hälfte ihre Einfälle, Gefühle und Assoziationen nennen, die jetzt nicht diskutiert, aber auf dem Plakat festgehalten werden. Sind die Einfälle zu diesem Stichwort erschöpft, so wird mit dem Thema der rechten Hälfte ebenso verfahren. Unter dem Stichwort »Feinde« könnte dann z. B. stehen: Distanz, Feindschaft, Urteil, Vorurteil, Antipathie, Rache, Haß, Angst usw.
2. In der Hinführung zum Text wird der Leiter einiges dazu sagen, wie heute Feinde erlebt werden; Gedanken aus der obigen Einführung kann er dabei aufnehmen. Dann wird Lk 6,27–35 gelesen und die Aufgabe für die sich anschließende Gruppenarbeit beschrieben.

3. In kleinen Gruppen (ca. 4–5 Personen) sprechen die Teilnehmer über folgende Fragen: »Wie begegne ich Menschen, die ich als Feinde betrachte? Wie kann ich die Forderung Jesu praktizieren?« Einer der Teilnehmer schreibt wichtige inhaltliche Aspekte auf.
4. Im Plenum berichten die einzelnen Gruppen über wichtige Erkenntnisse und Fragen, die sie einbringen möchten; darüber wird ausführlich gesprochen. Falls aus den Gruppen nur wenige Konkretionen zum Thema kommen, wird der Leiter an den Bibeltext erinnern und eigene Konkretionen zu den Stichworten »Gutes tun«, »Segnen«, »Bitten«, »Bereitschaft zur Versöhnung« usw. einbringen.
Abschließend kann der Aspekt des Textes veranschaulicht werden, der die voraussetzungslose Gültigkeit der Forderung Jesu anzeigt. Jesus hat nicht gesagt: »Wartet darauf, bis andere euch so begegnen!« Er fordert dazu auf, daß wir zuerst so leben und handeln. Wir sollen unseren Dank nicht von den Menschen erwarten, sondern gewiß sein, daß uns unser Vater im Himmel reichlich belohnt (V. 35).

Vorschlag B: »Stummes Gespräch«

1. Eine große Plakatwand wird vorbereitet (ca. 4 qm), die beschriftet werden kann. Zunächst erklärt der Leiter der Gruppe das Verfahren für die erste Phase:
Die Gruppe setzt sich im Halbkreis vor die Plakatwand und denkt über das Thema (das erst später genannt wird) nach; während dieser Phase wird nicht gesprochen. Jeweils nur einer der Teilnehmer kann aufstehen und mit einem bereitliegenden Filzstift einen Gedanken, eine Aussage oder eine Frage zum Thema anschreiben und sich dann wieder auf seinen Platz setzen. Daraufhin kann ein anderer Teilnehmer entweder an den Beitrag dessen anknüpfen, der eben etwas geschrieben hat, oder er kann einen neuen Gedanken zum Thema anschreiben. Zwischen den Beiträgen dürfen Pausen entstehen, die zum Weiterdenken genützt werden.
Falls zum Verfahren aus der Gruppe nun keine Fragen mehr kommen, schreibt der Leiter das Thema oben an die Plakatwand: »Meine Feinde lieben«. Nach 20–30 Minuten wird der Leiter diese Phase abbrechen.
2. Die Gruppe spricht nun zunächst darüber, wie die einzelnen das Verfahren erlebt haben (»Wie konnte ich mich ausdrücken? Wie wurde ich verstanden? Wie habe ich die Pausen erlebt?«) Daran schließt sich ein inhaltliches Gespräch zum Thema an, bei dem der Leiter an geeigneter Stelle den Text Lk 6,27–35 einbringt und die Forderung

Jesu »Liebt eure Feinde« konkretisiert; dabei können Impulse aus Vorschlag A übernommen werden.

Vorschlag C: Malübung

In Gruppen, die für kreative Gestaltungsmöglichkeiten zu gewinnen sind, kann der Einstieg ins Thema durch eine strukturierte Mal-Übung lebendige Erfahrung vermitteln.
1. Zunächst erklärt der Leiter die Mal-Übung: Jede Mal-Gruppe (4 Personen) erhält einen großen Papierbogen (ca. 1 qm) und für jeden Teilnehmer einen Filzstift (verschiedene Farben). Jeder Papierbogen hat in der Mitte einen Kreis, der etwa die Hälfte der gesamten Fläche umfaßt. Während der Übung wird nicht gesprochen. Die Teilnehmer sollen nun auf dem Papierbogen miteinander malen und schreiben, wobei zunächst jeder für sich beginnt und das malt oder schreibt, was ihm gerade einfällt. Für den weiteren Verlauf der Übung gilt folgende Regel, daß die Teilnehmer
a) innerhalb des Kreises friedlich, kooperativ, konstruktiv, dem anderen helfend und ihn ergänzend, malen und schreiben sollen, während sie
b) außerhalb des Kreises feindlich, egoistisch, destruktiv, aggressiv, die Beiträge der anderen kritisierend, malen und schreiben sollen.
Nach ca. 10 Minuten bricht der Leiter die Malübung ab, und dann sprechen die Teilnehmer in der Mal-Gruppe über ihre Erfahrungen, die sie während der Übung gemacht haben.
2. Im anschließenden Plenum werden die wichtigsten Erfahrungen genannt und vor allem die Gefühle beschrieben, die in der kooperativen, bzw. der feindlichen Zone vorherrschten. Dann wird der Text Lk 6,27–35 gelesen und die Hauptaussage des Textes vor dem Hintergrund der gemachten Erfahrungen verdeutlicht; dabei werden Alltagserfahrungen mit einfließen. Im Gespräch wird dann die Frage auftauchen, woher Christen die Kraft und das Durchhaltevermögen bekommen, um gegen eigene Gefühle (wie Feindseligkeit, Antipathie, Interesselosigkeit) andere Menschen zu lieben (ihnen Gutes tun, sie segnen, für sie bitten usw.). Antworten liefert der Text (V. 35), aber auch viele andere Jesusworte (z. B. Lk 5,31; 6,22.23.36; 9,23–25; 11,9; 22,32) und Jesus-Begegnungen (z. B. Lk 8,22–25; 9,57–62).

Der Korrekte und die Sünderin

Lukas 7,36–50

Die Funktion der Erzählung

Mit der Episode von der Salbung Jesu durch eine stadtbekannte Prostituierte (vgl. V. 37) beschließt Lukas seinen Erzählfaden von Jesu Stadtmission im Judenland. Mit 8,1 beginnt ein Neuansatz, der als Übergang zum sog. »Reisebericht« ein intensiviertes Missionsbemühen Jesu in Stadt und Land mit Hilfe der Apostel (9,1ff) schildert. Die letzte Erzähleinheit vor dem Neueinsatz umfaßt 7,11–50. Sie ist stark christologisch (an der Frage »Wer ist Christus?«) ausgerichtet. Die exponierte Stellung der Perikope von der Salbung läßt auf die Absicht des Evangelisten schließen, in ihr die in dem Abschnitt angesprochene Thematik noch einmal zusammenzufassen, soweit wie möglich abzuschließen und darüber hinausgehende Fragen zu formulieren.

Das Letztgenannte scheint auf V. 49 zuzutreffen. Die fragende Reaktion der Anwesenden (par. 5,21) auf die Sündenvergebung Jesu, wer er wirklich sei, verweist auf eine grundsätzliche christologische Problematik, die erst im folgenden Kapitel (vgl. 8,25; 9,7–9.18–20) hinreichend für die Jünger geklärt werden kann. In den christologischen Zusammenhang gehört die Erklärung der Jünger wie des Volkes, Jesus sei ein großer Prophet, den Gott Israel erweckt habe (7,16). Diese Auffassung hatte der pharisäische Gastgeber Simon (vgl. Mk 14,3 mit Lk 7,40) zuvor offensichtlich geteilt, da er Jesus unter dieser Voraussetzung zum Mahl eingeladen hatte (7,39). Der Umgang Jesu mit der stadtbekannten Dirne ist für ihn Anlaß genug, seine Vermutung, Jesus sei ein Prophet, fallenzulassen. Mit diesen Hinweisen greift Lukas die seit 5,8 bekannte, seit 5,21ff aber das Kapitel der Stadtmission bestimmende Kontroverse zwischen Gerechten und Sündern (vgl. 6,20–26) auf: die Heilszusage Gottes an die Armen und Hungernden, Verfolgten und Zöllner (5,27–32) sowie anderen Außenseiter der Gesellschaft. Er behandelt den Gegensatz abschließend in dem Streitgespräch mit dem Pharisäer 7,37ff.

Für diese abschließende Perikope übernimmt Lukas die Geschichte von der Salbung in Betanien aus der Passionsgeschichte des Markus (14,3–9) und gibt ihr eine zweckentsprechende Fassung. Sprachliche und formale Indizien lassen erkennen, daß die Geschichte in der jetzigen Form eine lk. Komposition ist. Die Inszenierung eines Streitgespräches im Rahmen eines pharisäischen Gastmahls erinnert an 5,29ff; 11,37ff; 14,1ff (vgl. 19,5ff). Direkten Anlaß, die Salbungsgeschichte aus dem Passionszusammenhang herauszunehmen (s. S. 139) und sie hierher vorzuziehen, gab die im Rahmen der Predigt Jesu über die heilsgeschichtliche Stellung des Täufers von Lukas verschärfte Kontroverse mit den Pharisäern und Schriftgelehrten (V. 29f). Ihnen wirft Jesus vor, sie hätten sich schon zur Zeit des Täufers nicht dem Willen Gottes unterworfen (vgl. 11,39ff). Demnach soll die Salbungserzählung den Gegensatz im ethischen Verhalten zwischen Sündern und (Schein-)Gerechten illustrieren. Der Aufbau ergibt sich aus der neuen Funktion der Perikope. Nach der Exposition V. 36 gibt in V. 37–38 die Sünderin den Anlaß, daß der Pharisäer »bei sich« (V. 38) an ihrem Verhalten Anstoß und Jesus gegenüber Vorbehalte anmeldet. Daraufhin weist Jesus (V. 40ff), der die geheimen Gedanken des Gastgebers lesen kann, mit Hilfe eines Beispiels (V. 41f) und dessen anschließender Anwendung auf die vorliegende Situation (V. 43–47) den Vorwurf zurück. Er vergibt der Dirne ihre Sünden (V. 48). Mit V. 50 läßt Lukas zum Schluß erkennen, daß er wie in 5,17ff Sündenvergebung (vgl. 8,48; 17,19; 18,42) als Heilszuwendung versteht; die Vergebung von Sünden entspricht dem Heil, das Gott durch Jesus in den Wundern den Kranken und Besessenen zuwendet. So ist die verwunderte Reaktion der Anwesenden V. 48 nicht unmotiviert. Sie entspricht somit zurecht der in den lk. Wundererzählungen.

Liebe: Antwort auf Vergebung

An dem Kontrast zwischen Jesu Verhalten, der sich mit Zöllnern und Sündern einläßt, und der daran geübten Kritik der Pharisäer und Schriftgelehrten läßt sich ablesen, daß ein etwaiger moderner Vorwurf der »Werkgerechtigkeit« die lk. Konzeption nicht trifft. Die Schein-Gerechten pochen auf ihre Werke, aber in keiner Weise die Sünder. Das Gleichnis V. 40–42 legt diesen Gesichtspunkt offen. In ihm kommt Jesus auf die überwältigende Bereitschaft des Geldverleihers (= Gott) zu sprechen, beiden Schuldnern ihre Schuld zu erlassen. Das erzeugt bei der Frau als der größeren Schuldnerin eine das Maß des Üblichen überschreitende »Liebe«. Sie erfüllt die eigentlichen Gastgeberpflichten Jesus gegenüber (V. 44–46).

Die Anwendung des Gleichnisses auf die Situation beim Gastmahl setzt voraus, daß der Pharisäer die seinem Gast gebührenden Ehrenbezeigungen vergessen hatte, so daß die fremde Frau Jesus gegenüber die Hausehre gerettet hat. Sie hat Jesus nicht nur gesalbt – ein Zeichen tiefster Ehrerbietung –, sondern vorher mit dem aufgelösten Haar (als Zeichen ihrer Umkehrbereitschaft und Trauer über ihre Sünden?) seine Füße getrocknet; letzteres läßt vermuten, daß Simon, der Pharisäer, es unterlassen hatte, Wasser für die Reinigung vom Straßenstaub bereitzustellen. Nach Lukas kehrt sich dementsprechend der Sinn der Tischgemeinschaft um. Die Sünderin findet die Gemeinschaft mit Jesus und in ihr Vergebung; der Pharisäer hingegen verliert sie. Das Gleichnis und seine Auslegung hat eine Parallele in dem späteren Weheruf über die Pharisäer 11,42 (Q), den Lukas mit der Tendenz modifiziert hat, die Pharisäer (vgl. 7,29f; 12,1f; 15,2; 16,14f; 18,9ff) als einen Menschentyp zu charakterisieren, der in seiner leistungsbetonten Selbstgerechtigkeit sogar Minze, Gewürzkraut und alles Gemüse verzehnet, aber »an der Liebe Gottes« vorbeigeht.

Die Liebe, die nicht den Regeln der Gegenseitigkeit folgt (vgl. 6,27–38), ist also das in der Salbungsperikope besonders angesprochene Thema. So ist in dem Gleichnis 7,41 f die Liebe zweifelsfrei die Konsequenz der Vergebung, aber nicht ihre Voraussetzung. Deshalb wählt Lukas in V. 48 auch die Perfektform: »deine Sünden sind dir vergeben!« Die Frau liebt, weil ihr von Gott her übergroßes Heil widerfahren ist. Demnach ist der Vorwurf gegen Lukas, er vertrete eine frühkatholische Form der Werkgerechtigkeit, unhaltbar; auf diese Weise findet die Sünderin und nicht der Pharisäer Gemeinschaft und Vergebung bei Jesus. Jesus erfüllt so seine Sendung nach 5,30–32: Gott schenkt den Sündern in Jesu Gemeinschaft sein Heil. Die Kluft zwischen Pharisäern, Sündern und Jüngern bleibt solange unüberbrückbar, bis erstere sich – wie Petrus 5,8 – die Universalität der menschlichen Schuld angesichts der Barmherzigkeit Gottes eingestehen.

Praxis

Thema: Wie Jesus Sündern begegnet

Ziel: Verstehen, daß Gott mich in Jesus bejaht, wie ich bin, und dankbar die Vergebung meiner Sünden erfahren

Mögliche Einstiege in das Thema

A. Von der Einzelarbeit zum Plenumsgespräch

1. Der Bibeltext wird im Plenum vorgelesen. Rückfragen zum Verständnis sind möglich; aber es wird noch nicht diskutiert.
2. Jeder einzelne Teilnehmer erhält fünf Zettel, die mit großen Ziffern von 1 bis 5 numeriert sind. Auf jedem einzelnen Zettel steht ein Satz, der ergänzt werden soll:

1) Der Pharisäer Simon hat Jesus eingeladen, weil...
2) Die Sünderin kam zu Jesus, weil...
3) Jesus hat der Prostituierten die Sünden vergeben, weil...

4) Die Tischgäste dachten:...
5) Die Sünderin sagte sich:...

Für diese Einzelarbeit geben wir etwa 10 Minuten Zeit.
3. In 5 Kleingruppen von 3–5 Personen lassen wir nun die Ergänzungen so auswerten, daß jeweils eine Gruppe eine Ziffer bespricht und das Ergebnis, das man für die beste Lösung hält, auf einen Plakatkarton aufschreibt. Eine sechste Gruppe kann evtl. beraten, welcher Vers der wichtigste ist. Den schreibt sie ebenfalls auf Karton.
4. Im Plenum berichtet nun jede Gruppe über ihre Arbeit und das Ergebnis. Alle Ergänzungen werden mitgeteilt und die von der Gruppe gewählte Lösung begründet.

B. Zeitungsberichte

1. Der Bibeltext wird im Plenum vorgelesen. Verständnisfragen werden vom Leiter beantwortet.
2. In Kleingruppen zu 3–5 Personen werden nun Zeitungsmeldungen formuliert. Jeweils eine Gruppe vertritt die Meinung zu dem Vorgang der Sündenvergebung aus der Sicht der Pharisäer; die andere nimmt von der Seite der Prostituierten Stellung. (Die Berichte sollen kurz und eindringlich formuliert werden!)
3. Vor dem Plenum präsentieren zuerst die Gruppen der Pharisäerpartei ihre Zeitungsmeldungen, danach die anderen. Dann erfolgt die Aussprache in der Großgruppe.

C. Vergleich biblischer Texte

1. Die Perikope wird im Plenum vorgelesen. Wieder sind Rückfragen zum unmittelbaren Verständnis möglich.
2. In Kleingruppen wird nun der Text Lk 7,36–50 mit anderen ähnlichen Inhaltes verglichen. Dazu hat jeder Teilnehmer ein Neues Testament zur Hand. Da nur etwa 20 Minuten Zeit ist, sollten höchstens 2–3 andere Perikopen herangezogen werden. Evtl. gibt der Leiter Hinweise (Lk 5,17–26; 15,11–32; 18,9–14; 19,1–10; Jh 7,53–8,11). Die Gruppen sollen die Fragen beantworten:

- Worin stimmen die Texte überein?
- Worin unterscheiden sie sich?
- Was ist die Hauptaussage der Texte?

3. Im Plenum berichtet nun jede Gruppe. Danach Rundgespräch zu unserem Bibeltext.

Schritt 2: Vertiefung des Textverständnisses

An der Tafel oder am Flanelltuch führen wir uns die Erzählung von der Begegnung Jesu mit der Sünderin nochmals vor Augen:

Die Salbung
Reaktion des Pharisäers
Beispielerzählung Jesu
Anwendung auf die konkrete Situation
Zuspruch Jesu: Deine Sünden sind vergeben!
Was ist das für ein Mensch?

In einer kurzen Zusammenfassung kann der Leiter nun die wichtigsten Inhalte aus dem exegetischen Teil vortragen und zur Anwendung auf das persönliche Leben überleiten.

Schritt 3: Anwendung auf mein Leben

Als Christ erfahre ich, daß ich trotz meiner Fehler und Sünden von Gott angenommen und bejaht bin. Es geht mir dann so wie den Sündern und Verachteten zur Zeit Jesu. Die sich selber nichts mehr zutrauten, erfuhren das besondere Vertrauen Jesu.

1. Wenn die Teilnehmer zueinander offen sind, kann man ein Gespräch nach der themenzentrierten Methode v. R. Cohn (s. Anhang) mit dem Impulssatz »Wie hat Jesus mein Leben verändert?« führen lassen.
2. Eine Metapher-Meditation (vgl. Praktische Bibelarbeit heute, S. 78ff) ist anonym; regt aber zu emotionaler Verarbeitung des Themas an. Jeder Teilnehmer erhält einen Zettel und Kugelschreiber. Etwa 10 Minuten wird Zeit gegeben, damit jeder für sich aufschreiben kann, was ihm einfällt bei dem Impuls: »Sündenvergebung ist für mich wie...« Dann werden die Zettel eingesammelt und gemischt. Danach lesen am besten zwei (damit es rascher geht) die Einfälle vor. Danach folgt ein Rundgespräch.
3. Jesus-Begegnung und Bekehrung sind das Hauptthema der »Jesus people«. Ausgewählte Bekenntnisse dieser Erfahrungen können als Impuls für ein Gruppengespräch dienen. (*jesus people report,* Brockhaus Verlag Wuppertal und Rolf Kühne Verlag Wetzhausen.)
4. Jeder Teilnehmer erhält den Textauszug aus P. Tillich »Dennoch bejaht«. Es sollen die Sätze unterstrichen werden, die in besonderer Weise das Thema der Bibelstelle aktualisieren und für den Betreffenden wichtig sind. Im Plenum sprechen dann die Teilnehmer über das Ergebnis ihrer Arbeit.

Wir können unser Leben nicht verwandeln, wenn wir nicht zulassen, daß es von der Gnade verwandelt wird. Gnade ereignet sich, wenn wir durch das finstere Tal eines sinnlosen und leeren Lebens gehen. Sie trifft uns, wenn wir fühlen, daß wir ein anderes Leben verletzt haben; ein Leben, das wir liebten oder von dem wir entfremdet waren. Sie trifft uns, wenn der Ekel an unserem eigenen Sein, an unserer Gleichgültigkeit, unserer Schwachheit, unserer Feindseligkeit, unser Mangel an zielbewußtem Leben unerträglich geworden ist. Sie trifft uns, wenn Jahr für Jahr die Vollendung unseres Lebens, nach der wir uns sehnen, ausbleibt; wenn die alten Mächte in uns herrschen, wenn die Verzweiflung alle Freude und allen Mut zerstören.
Zuweilen bricht in einem solchen Augenblick eine Welle von Licht in unsere Finsternis ein, und es ist, als ob eine Stimme sagte: »Du bist dennoch bejaht!« Wenn uns das geschieht, dann erfahren wir Gnade. Nach einer solchen Erfahrung werden wir nicht besser sein als zuvor und keinen größeren Glauben haben als zuvor. Aber alles ist verwandelt. In diesem Augenblick überwindet die Gnade die Sünde, und die Versöhnung überbrückt den Abgrund der Entfremdung. Diese Erfahrung fordert nichts; sie bedarf keiner Voraussetzung, weder einer religiösen, noch einer moralischen, noch einer intellektuellen; sie bedarf nichts als nur das Annehmen.
Im Lichte dieser Gnade erfassen wir die Kraft der Gnade in unserem Verhältnis zu anderen und zu uns selbst. Wir erfahren die Gnade, daß wir fähig werden, ein anderes Leben zu bejahen, selbst wenn es uns feindlich und verletzend entgegentritt.
Und im Licht dieser Gnade erfahren wir die Kraft der Gnade in unserer Beziehung zu uns selbst. Wir erleben Augenblicke, in denen wir uns bejahen, weil wir fühlen, daß wir bejaht worden sind von etwas, das größer ist als wir. Das sind die Augenblicke, in denen wir unser Leben lieben und uns selbst bejahen; nicht um deswillen, was wir sind, sondern um der Gewißheit willen, daß unser Leben einen ewigen Sinn hat. Wir können uns nicht zwingen, uns selbst zu bejahen. Wir können niemanden zwingen, sich selbst zu bejahen. Aber manchmal geschieht es, daß wir die Kraft empfangen »Ja« zu sagen, daß Friede in uns einkehrt und uns heilt, daß Selbsthaß und Selbstverachtung aufhören, und daß unser Selbst mit sich selbst wiedervereinigt wird.«

Paul Tillich, Dennoch bejaht
(aus: In der Tiefe ist Wahrheit. Religiöse Reden, 1. Folge. Evangelisches Verlagswerk Frankfurt/Main und Stuttgart, ^{4}1964

Zum Abschluß kann das Lied »Weil Du ja zu mir sagst« (LP 1C 062-28 488, EMI-Columbia o. mono, ELECTROLA E 22 538) gespielt werden. Auch persönlich gesprochene Fürbitten bzw. Dankgebete der Teilnehmer sind möglich.

Nachfolge mit allen Konsequenzen

Lukas 9,57–62

Der »Reisebericht«

Der sog. »Reisebericht« ist eine literarische Komposition des Evangelisten, deren Motiv – die endgültige Reise Jesu in den Tod nach Jerusalem – Lukas bereits durch das Markusevangelium vorgegeben war (Mk 9,30; 10,1.17.32f.46; 11,1.11). Schon dort war das eigentliche Motiv, der Weg nach Jerusalem, mit Belehrungen Jesu redaktionell aufgesprengt worden. Lukas greift die Konzeption auf und verstärkt ihre Tendenz mit Textmaterial aus der Redenquelle Q und seinem Sondergut. Auf diese Weise hat er einen für sein Evangelium entscheidenden Abschnitt geformt.
Ziel aber ist für Lukas nicht der Tod Jesu in Jerusalem, sondern seine dortige Aufnahme in den Himmel. Dies läßt schon 9,51, der erste Vers des »Reiseberichtes« erkennen, wo Lukas von der »Hinaufnahme« Jesu spricht. Der Tod Jesu ist für Lukas nur das heilsgeschichtlich notwendige Durchgangsstadium (vgl. 24,26), damit er von Gott verherrlicht werden kann. Jesus, der seit 9,22 sein Todesgeschick den Jüngern zu verstehen gibt und es von Mose und Elija in der Verklärung 9,30f himmlischerseits bestätigt bekommt, nützt nach Lukas die noch verbleibenden Tage (vgl. 13,31–33) zur Zurüstung der Jünger für die Zeit nach seinem Tod.
Deshalb ist die Bezeichnung »Reisebericht« für die Wiedergabe des Inhalts dieser Kapitel unzureichend. Die vom Evangelisten neu eingefügten Texte haben meistens einen ethisch-paränetischen (ermahnenden) Inhalt. Zwar durchzieht die Reisenotiz, Jesus gehe nach Jerusalem hinauf, als roter Faden den gesamten Abschnitt (9,51; 13,22.33; 17,11; 18,31; 19,11), aber gleichermaßen bedeutsam sind die ständigen Adressatenwechsel zwischen Jüngerbelehrung, Volks- und Gegnerbelehrung und exemplarischen Handlungen, die die Praxisrelevanz der Lehre Jesu unterstreichen (vgl. miteinander 9,54f und 10,25ff; 11,1ff und 11,14ff; 12,1ff und 12,13ff; 12,22ff und 12,54ff; 16,1ff und 16,14ff; 17,1ff und 17,11ff; 17,22ff und 18,9ff; 18,15ff und 18,18ff; 18,28ff und 18,35ff). Die Vorbereitung der Jünger auf die Zeit nach seinem Tod ist nach Lukas für Jesus das Ziel der »Reise«. Deshalb wählt er einmal die Form der direkten Belehrung der Jünger und nutzt zum anderen die Erlebnisse auf dem gemeinsamen Weg zu exemplarischen Handlungsanweisungen und quasi dogmatischen Lehraussagen für die Jünger. Aus diesen Gründen dient der sog. »Reisebericht« der Jüngerbelehrung unter dem ständigen Vorzeichen des Todes Jesu. Diese Belehrung ist Jesu Vermächtnis an die Jünger. Sein letzter Rat gewinnt als Testament unwiderruflichen Wert.

Nachfolge in drei Beispielen

Der redaktionellen Absicht mit dem »Reisebericht« kommen die Nachfolgeworte aus der Redenquelle Q entgegen. Ihre kompositionelle Stellung ist im Unterschied zu Mt 8,18–22 recht geschickt gewählt. In beispielhalfter Erzählweise werden drei Fälle geschildert, die Jesus die Möglichkeit bieten, die Konsequenzen der Nachfolge für den Jünger herauszustellen. Die beiden ersten Fälle V. 57–60 mit Ausnahme der Reisenotiz (V. 57a) und der bewußt parallelisierten Rahmung hat Lukas aus Q übernommen. Dabei fällt auf, daß aus der Sicht der Redenquelle Menschen an Jesus herantreten, um in seine Nachfolge zu treten. In der Nachfolgegeschichte des Markusevangeliums hingegen (vgl. Mk 1,16ff) ruft Jesus selbst in die Nachfolge (s. S. 40). Die literarische Herkunft des dritten Falles (V. 62f) ist umstritten. Da er sprachlich V. 58 imitiert und die Situation von V. 57 voraussetzt, kann der Wortwechsel vom Evangelisten gebildet sein. Der Verdacht wird durch die Beobachtung verstärkt, daß die Bitte des zur Nachfolge Bereiten, sich zuerst noch von den Seinen zu Hause verabschieden zu dürfen, nur in abgeschwächter Weise den Ernst und den radikalen Anspruch Jesu in den beiden ursprünglichen Nachfolgeworten gerecht wird. Außerdem hat Lukas in 4,23 u. a. zu erkennen gegeben, daß er bekannte Sprichwörter für seine Erzählungen zu verwenden versteht.

Mit der Komposition kann der Evangelist die Bedeutung der Nachfolge Jesu auch in seinem Sinne unterstreichen. Im ersten Fall hebt er die Bereitschaft eines Menschen zur Nachfolge hervor. Sie setzt voraus, daß jemand in die Schicksalsgemeinschaft mit Jesus eintreten will. Er ist bereit, mit dem Menschensohn dessen Heimatlosigkeit, d. h. sein Geschick, zu teilen. In dem zweiten Fall wird die Konsequenz der Nachfolge charakterisiert. Wer in die Nachfolge eingetreten ist, muß sich radikal von seiner Familie, von den Sorgen um Besitz und Unterhalt trennen (vgl. 14,25ff), sogar die Liebespflicht (vgl. Tob 6,15), seinen verstorbenen Vater zu beerdigen, ist aufgehoben. Im letzten Beispiel weist Jesus nach Lukas den zum Jünger gewordenen Menschen in seine neue Aufgabe ein. Der, der den Pflug schon in die Hand genommen hat, d. h. mit der Verkündigung der Herrschaft Gottes begonnen hat, darf nicht mehr zurückschauen auf das, was er aufgegeben hat, bevor er in die Schicksalsgemeinschaft Jesu eintrat. Damit würde er nur den Erfolg und das Ziel seiner Arbeit, nämlich den Eintritt in das Reich Gottes, gefährden (vgl. 14,35).

Praxis

Thema: Nachfolge

In diesem Text geht es um drei einfache Bilder, die uns aber auch immer wieder ärgern. Darauf muß sich ein Gruppenleiter einstellen,

wenn er sich für diesen Text entscheidet. Jesus geht in ihnen auf eine Sache ein, die ewig gültig sein wird. Das Alte Testament ist voll davon, daß Menschen »sich löcherige Brunnen« machen, statt an der lebendigen Quelle zu trinken. Und es gilt bis heute, daß ich um den Ruf Gottes und um seine Liebe weiß und doch zögere, mir immer wieder von neuem Zeit erbitte, um mich um meine eigenen Angelegenheiten zu kümmern. Ohne es zu merken, wird ein Mensch auf diese Weise untauglich zur Nachfolge. Er läßt die Verbindung der Liebe, den Glauben, den Gehorsam sterben, die sich Gott von uns wünscht.
Die Fragen, die Jesus an seine Hörer stellt, sind:
- Willst du dein Schicksal wirklich an mich binden, dich nicht festsetzen, meinen Aufträgen Folge leisten, unterwegs sein?
- Willst du auch die Familie nicht neben mich oder über mich stellen, sondern das Reich Gottes ihr vorziehen – und das auch, wenn in deiner Umwelt andere Sitten gültig sind?
- Willst du dich lösen von deiner Vergangenheit und nicht schielen, ob es anders vielleicht doch besser gewesen wäre? Das gilt nicht nur äußerlich, sondern auch für das Verarbeiten vergangener Erfahrungen. Es geht darum, frei und offen zu werden zum Vertrauen und für die Gaben Gottes.

Jesus will keine Bewunderer und keine Begeisterten; er will Nachfolger.

Vorschlag A

1. Der Text wird gelesen. Weil er ja sehr bekannt ist, könnte man das nach einer der neueren Übersetzungen tun.
2. Dann fordert der Leiter zu spontanen Äußerungen auf mit der Frage: »Was ärgert mich an diesem Text?« Es werden Einwände kommen wie:

- Jesus fordert zu einem unsteten Leben auf. Wohin kommen wir, wenn alle Christen so leben wollen.
- Er hebt die Liebesbeziehung zwischen Eltern und Kindern auf. Das steht zu anderen Aussagen der Bibel und zur Natur im Widerspruch.
- Er kann doch keine Scheuklappenmenschen wollen, die so einseitig sind... u. a. m.

3. Der dritte Schritt könnte dann die Aufgabe für Kleingruppen sein: Was ist der gleiche Zielpunkt, der für alle drei Fälle in diesem Text gültig ist? Es ist gut, ihn zu formulieren, d. h. auf eine kurze Formel zu bringen, was Jesus mit seinen Antworten sagen will.

4. Darüber kann man dann im Plenum miteinander sprechen, und evtl. auch Erfahrungen austauschen.

Vorschlag B

1. Die drei Szenen werden gelesen und durch den Leiter kurz kommentiert (s. Einleitung). Dann sind sie jedem verständlich.
2. Nun könnte die Aufforderung erfolgen: Welche Beispiele würde Jesus heute verwenden, bei mir persönlich verwenden, um mir diesen Sachverhalt klarzumachen?
Zu zweit und vor allem auch allein (allein geht es leichter; zwei haben mehr Einfälle) könnte man versuchen, die Sache in heutige Szenen zu übertragen, diese zu schreiben, genau so kurz und bündig, wie der Text bei Lukas.
3. Die »Versuche« können dann vorgelesen werden, und in der Regel ergibt sich ein Gespräch.

Vorschlag C

1. Der Text wird gelesen. Der Leiter kommentiert den Text.
2. Einzelbesinnung:

- Was hält mich fest?
- Was macht es mir schwer, mich mit Jesus einzulassen und ihm nachzufolgen?

Umschreibende Fragen machen eine solche Arbeit für den einzelnen leichter, als eine (sehr) exakt formulierte Frage.
3. Je nach der Vertrautheit der Gruppe könnte man ein Gespräch zu zweit anregen oder auch in der üblichen Form den Abend beschließen.

Material

Lied: »Die Füchse haben Gruben...« Nr. 74 in Mosaik III (DM 4,80) oder im Mosaik-Sammelband (DM 12,80), Präsenz Verlag der Jesusbruderschaft, D-6257 Hünfelden 2. Dieses Liederbuch macht uns bekannt mit dem leicht singbaren Liedgut dieser Bruderschaft. Meist sind die Lieder aus der Textbetrachtung im Gottesdienst am Morgen entstanden, sind also erwachsen aus dem Schweigen und Meditieren. Die Lieder sind mit Gitarrengriffen versehen.

Der Jünger als Missionar

Lukas 10,1–20

Der Evangelist berichtet von zwei Aussendungen der Jünger (9,1–6; 10,1–20). Den ersten Bericht übernimmt er vorwiegend aus der Markusvorlage (6,6b–13), im zweiten bearbeitet er die Instruktionsrede der Redenquelle Q (par. Mt 9,37f; 10,16.9–10a.11–13.10b.7–8.14–15). Beide Aussendungsreden sind bewußt von Lukas überarbeitet. Die erste Instruktion erteilt Jesus nach Lukas an die zwölf Apostel. Da er es in 6,12–16 unterlassen hatte zu bestimmen, welche Funktion die Apostel zur Zeit der Mission Jesu ausüben sollen, und Jesus sie nun in die umliegenden Dörfer schickt und ihnen die gleiche Vollmacht über Dämonen und Krankheiten gibt, mit der er selbst seit 3,21 ausgestattet ist, sind sie für Lukas Helfer in der Judenmission. Damit stimmt die Notiz 22,30 überein, die zwölf Apostel sollen einst mit Jesus in seinem Reich »auf Thronen sitzen und die zwölf Stämme Israels richten«. Die Aussendung der Apostel ist Teil der Mission im Judenland.
Die zweite Aussendung hat ihren kompositionellen Ort im lk. »Reisebericht«, der bekanntlich die Jünger für ihre nachösterlichen Aufgaben rüsten soll. In diesem Sinne weist die Anzahl der Jünger (70 bzw. 72) auf die universale nachösterliche Mission hin, die alle Völker bis ans Ende der Welt (Apg 1,8) umfassen soll. Nach der Völkerliste in Gen 10 setzt sich die Weltbevölkerung nämlich aus 70 Nationen zusammen.

Lukas hat die ursprüngliche Instruktionsrede neu gerahmt (V. 1.17–20). Damit ist sie Bestandteil eines wirklichen Aussendungsgeschehens geworden. Der Evangelist notiert in V. 1, Jesus habe die 70 auf dem Weg nach Jerusalem (»voraus« bezieht sich auf 9,51f zurück) in Zweiergruppen (vgl. Apg 3 u. a.) zur Quartiersuche (vgl. 9,52; 19,29ff) jeweils dorthin geschickt, wohin er selbst kommen wollte. Die Rückkehrnotiz V. 17-20 setzt nun die erfolgreiche Ausführung des Sendungsbefehls voraus. Darauf spielt wiederum 22,35 an – eine Stelle, die direkt auf 10,4 Bezug nimmt –, wenn Lukas Jesus dort sagen läßt: »Als ich euch ohne Geldbeutel aussandte, ohne Vorratstasche und ohne Schuhe, habt ihr da etwa Not gelitten?« Der begeisterte Bericht der 70 über ihre Erfolge spielt aber zugleich auf kommende Ereignisse in der Apostelgeschichte an: Wenn die Jünger von ihrer Macht über die Dämonen berichten, so kann man das als eine Anspielung auf die jedem jüdischen Beschwörer überlegenen Exorzismen der Apostel und Missionare in Apg 19,13ff u. a. verstehen. Ebenso bezieht sich der Hinweis, sie hätten »im Namen Jesu« die Dämonen ausgetrieben, auf ihre Machtworte in Apg 3,6; 9,34 u. a. Auch mit der »Vollmacht, auf Schlangen und Skorpione zu treten« ist in V. 19 (mit einem Bild aus Ps 91,13) noch einmal die Macht der Jünger über die Dämonen angesprochen, die nach damaliger Anschauung als die »Herren des Ungeziefers« galten. Lukas faßt das Wort

Jesu in Apg 28,3–6 (vgl. Lukian, Philopseudes 11–12) ganz konkret auf: Der Schlangenbiß schadet dem gestrandeten Paulus in keiner Weise.

Nachösterliche Missionserfahrungen

Die Anspielungen auf die Apostelgeschichte legen nahe, daß der Evangelist die Aussendung der 70 mit Bedacht auf die nachösterliche Missionsgeschichte hin überarbeitet hat. Den Eindruck vermittelt auch die Struktur der Instruktionsrede. Vorangestellt ist eine allgemeine missionarische Situationsanalyse (V. 2f). Im Verhältnis zur großen Ernte ist die Zahl der Erntenden viel zu gering. Gott muß von vornherein gebeten werden, die Mitarbeiterzahl zu erhöhen.

Gleichzeitig aber lauern viele Gefahren auf die Ausgesandten, die schon – wie die folgenden Instruktionen erweisen werden – an ihrer Ausrüstung zu erkennen geben, daß ihr Auftreten mit dem Inhalt ihrer Botschaft übereinstimmt. Sie verkünden ja – wie Jesus – das Heil der Armen. Deshalb können sie nicht mit einem vollen Geldbeutel zu ihnen kommen. Da sie zudem in den Häusern von »Söhnen des Friedens« (V. 6, wörtl.) einkehren sollen, können sie nicht mit einem Stab (vgl. 9,3) auftreten, der damals als Waffe diente. Er war eben kein schicker Ausrüstungsgegenstand für eine sonntägliche Wanderung. Sie können nicht mit einem vollgestopften Proviantbeutel (um die jüdischen Speisegesetze nicht in der Fremde übertreten zu müssen?) in ein Haus eintreten, das ihnen Gastfreundschaft gewährt. Die erste Instruktion (V. 4) erläutert also die urchristliche Devise von der unauflöslichen Einheit von Wort und Tat.

Nun folgen noch drei weitere Instruktionen (V. 5–7.8–9.10–12). Die erste betrifft die Hausmission und die beiden letzten die Stadtmission. Bei den Anweisungen für die Stadtmission handelt es sich um eine redaktionelle Fortentwicklung der ursprünglichen Hausmission aus der Redenquelle. Sie setzen schon die nachösterliche Missionsstrategie der Apostel von Jerusalem bis Rom voraus. Die spannungsreiche Entwicklung der ursprünglichen Instruktion wird schon daran deutlich, daß die Jünger V. 8 analog zu V. 7 (Einkehr in ein Haus) aufgefordert werden, alles zu essen, was ihnen in einer ihnen freundlich gesonnenen *Stadt* (!) angeboten wird. Entsprechend künstlich ist auch die Unterscheidung zwischen einer erfolgreichen Mission V. 8f und einem Mißerfolg V. 10–12. Mit der Überarbeitung verdeutlicht der Evangelist seine besondere Erzählabsicht. Wenn die Jünger bei ihrer Aufnahme in einer Stadt alles ihnen Angebotene essen und bei einer Ablehnung auf die Boulevards der Stadt hinaustreten sollen, um sie dort zu verfluchen, rückt er die Missionstätigkeit der Jünger in das Rampenlicht der Öffentlichkeit. Gleichzeitig führt er seinen eschatologischen Vergeltungsgedanken wieder ein. Denn auf den Fluchgestus folgt bei Lukas noch die Drohung, daß die Herrschaft Gottes als eschatologisches Gericht kurz bevorstehe.

Der Gedanke wurde durch die letzten Worte der Instruktionsrede in Q (über Sodom) und die Weherufe über Chorazin und Kafarnaum V. 12–15 angeregt. Zwar hat auch Sodom (vgl. Gen 13,13; 19,1–23; Ez 16,48–50; Jubiläen 36,10) damals das Gastrecht verletzt, jenes Vergehen aber wird im Endgericht nicht so schwer bestraft wie das Verhalten jener Städte, die die Jünger abgewiesen haben. Das, was jenen Städten im Endgericht droht, droht auch den galiläischen Städten Chorazin, Betsaida und Kafarnaum. Die einzig mögliche Rettung vor dem Strafgericht Gottes und der endgültigen Verwerfung bietet sich für Lukas noch einmal in der Umkehr des Judenlandes in der nachösterlichen Zeit. Deshalb fordern Petrus, die Apostel und die Missionare in den Missionsreden der Apostelgeschichte die Juden immer wieder zur Umkehr auf.

Die Übertragung der Instruktionsrede von Q in die lk. Gesamtkonzeption seines Doppelwerkes, wo auf das Evangelium noch die Apostelgeschichte mit ihrem Aufriß der urchristlichen Missionsgeschichte bis zur Gefangenschaft des Paulus in Rom folgt, veranlaßt den Evangelisten, den Abschlußvers der Instruktionsrede V. 16 in der Weise zu überarbeiten, daß er auch auf eine nachösterliche *Predigt*situation noch zutrifft (»Jeder, der euch *hört, hört* mich…«; vgl. dagegen Mt 10,40). Gleichzeitig dämpft er in den Rahmenversen 17–20 die Freude der Jünger über ihre Wundermacht, auch wohl im Blick auf die lk. Gegenwart. Wiederum im Kontrast zum Vergeltungsgedanken in V. 11f beendet der Evangelist die Aussendungsepisode mit dem Lohngedanken (vgl. 16,9) in V. 20. Das Handeln der Jünger in ihrer jeweiligen Gegenwart wird im Himmel nicht vergessen werden. Damit hat nach Lukas Jesus selbst mögliche Modifikationen der nachösterlichen Missionsstrategie vorhergesehen und gebilligt.

Praxis

Vorschlag A: Ein Stein kommt ins Rollen

Der Text steht in Zusammenhang mit der Berufung der Jünger Lk 6,12–16 und deren Aussendung Lk 9,1–6. Die in Lk 6,12–16 zu ständigen Begleitern erwählten zwölf Männer, herausgerufen aus einer größeren Zahl von Menschen beiderlei Geschlechts, die mit Jesus zogen, erhalten in Lk 9,1–6 und Lk 10,1–12 Aufgaben gestellt und Verhaltensweisen genannt.

1. Es wird Zeit gegeben, alle drei Texte zu lesen. Auf Wunsch können die Texte auch von einem oder drei Teilnehmern laut gelesen werden.
2. Für die Gruppenarbeit stellen sich drei Fragen:

- Wie lautet der Auftrag?
- Wie wird die Situation beschrieben?
- Welche Verhaltensweisen werden verordnet?

3. Die Ergebnisse werden in jeder Gruppe schriftlich niedergelegt, nach Abschluß der Gruppenarbeit im Plenum bekanntgegeben und vom Gruppenleiter festgehalten.
4. Mit diesem Text – deshalb der Titel »Ein Stein kommt ins Rollen« – wird die Jesusgeschichte fortgeschrieben zur Geschichte derjenigen, die sich von ihm beauftragen lassen. Lukas hat das als Schriftsteller so vollzogen, daß er seinem Jesus-Buch, Evangelium genannt, die Apostelgeschichte folgen ließ.
Unter Rückgriff auf Bibelkenntnis wird im Plenum überlegt, ob sich die Aufgabenstellung verändert hat, die Situation anders gesehen und der Katalog von Verhaltensweisen abgeändert wurde. Aufschlüsse darüber geben folgende Texte: Lk 22,35–38; 1 Kor 11,23ff; Apg 18,3; 20,18–35.
Zwei Aufgaben für die Gruppenarbeit:

a) Die Aussagen »Die Ernte ist groß« und »Ich schicke euch unter die Wölfe«, welche die damalige Situation verdeutlichen, versuchen wir auf unsere Situation anzuwenden. Wo und wie sehen wir eine große Ernte, wo und wie sehen und hören wir die Wölfe? Wenn Zeit ist, kann diese Doppelfrage getrennt und zum Thema von zwei aufeinander folgenden Überlegungen und Gesprächen gemacht werden. Persönliche Erfahrungen werden ausschlaggebend für die Beantwortung sein.

b) Jesus sagt nicht, daß die von ihm Gesandten in alle Häuser und Städte gehen sollen. War das Ausdruck seiner Nüchternheit (weil es an Mitarbeitern gefehlt hat, um in alle Häuser gehen zu können)? Oder hatte er bestimmte Leute vor Augen, zu denen er sandte?

Sammlung der Ergebnisse im Plenum und Kommentierung durch den Leiter.

Vorschlag B: Motivierung für Besuche in der Gemeinde?

Der Text ist viel verwendet worden und wird es auch noch bei der Ausbildung von Besuchsdienstgruppen. Den Anstoß gaben ökumenische Erfahrungen nach dem Zweiten Weltkrieg. Im Missionari-

schen Jahr 1980 führte die Besinnung auf die missionarische Dimension allen kirchlichen Handelns vielerorts zur Eröffnung, Erneuerung und Intensivierung von Besuchstätigkeit in der Gemeinde.
Welche Hilfe bietet dieser Text zur Organisation von Besuchsdienstgruppen und zur Durchführung von Besuchen in der Gemeinde? Welche Verlegenheiten bereitet er uns? Was kann aus ihm direkt übernommen werden, und was müssen wir anders machen?
1. Für die Gruppenarbeit über Organisation und Durchführung von Besuchen in der Gemeinde drei Aufgaben:

- Wie sehen wir die Situation in unserer Gemeinde?
- Wie formulieren wir die Aufgabe des Besuchsdienstes?
- Auf welche Verhaltensweisen einigen wir uns?

In der Diskussion um die missionarische Struktur der Gemeinden spielten die Begriffe Komm- und Geh-Struktur eine wichtige Rolle. Die vorhandene Struktur der Gemeinde wurde als Komm-Struktur erkannt. Damit sollte gesagt werden, die Gemeinde ist so organisiert, daß vom Kommen der Leute (zur Kirche oder zum Pfarrer) ausgegangen wird.
In Gruppenarbeit wird überprüft, ob und wieweit das für die eigene Gemeinde zutrifft, und aufgelistet, welche Einrichtungen und Angebote zur Komm-Struktur gehören. Dann wird die Frage nach der Geh-Struktur gestellt. Ist sie vorhanden und in welcher Form?
2. Nach Bekanntgabe der Ergebnisse der Gruppenarbeit wird im Plenum darüber nachgedacht, ob und in welcher Weise die vorhandene Struktur verändert werden kann. Dazu wird ein Strukturplan gezeichnet mit den Beziehungen der einzelnen Einrichtungen und Aktivitäten zueinander. Für die Strukturänderung sind ausschlaggebend:

a) Ansatzmöglichkeiten
b) Schwierigkeiten, mit denen gerechnet werden muß (lokaler, materieller und personeller Art)
c) Mittel und Kräfte
d) Beschaffung von Mitteln und Motivation von Personen

Vorschlag C: Auf das Verhalten kommt es an

1. Es fällt auf, daß der Text kurz ist bei der Beschreibung der Situation und der Aufgabe, daß er breiter wird bei der Darstellung der Verhaltensweisen. Es wird Zeit gegeben zur individuellen Überprüfung dieser Feststellung, das Ergebnis im Plenum erhoben und sichtbar festgehalten.

Verhaltensweisen scheinen für die Erfüllung des Auftrags wichtig zu sein. Direkt können wir die verordneten Verhaltensweisen nicht übernehmen, sonst müßten haupt- und ehrenamtliche Mitarbeiter barfuß gehen. Man stelle sich das vor!
a) Eine negative Beeinträchtigung der Erfüllung des Auftrags scheint gegeben zu sein, wenn der, der die Botschaft vom Frieden oder der Herrschaft Gottes bringt, zu viel besitzt bzw. bei sich hat.
Es wird Zeit gelassen, diese Behauptung am Text zu überprüfen. Da wir weder Stöcke tragen noch Brotbeutel, fragen wir, worauf dieses »zu viel« bei uns zielt.
b) Wo die Friedensbotschaft abgelehnt wird, sollte nicht weitergeredet, sondern weitergezogen und der Staub von den Füßen geschüttelt werden. Das ist eine demonstrative Geste.

Wie steht es mit unserer Bereitschaft und Fähigkeit zu demonstrativen Gesten, wenn wir abgewiesen werden? Sind wir zu gut erzogen oder zu schwach oder zu unsicher oder zu klug, um das zu tun?
Es geht um Aufmerksamkeit für Wichtiges. Die Botschaft von der Herrschaft Gottes hat Priorität vor allen anderen Botschaften. Wie stellen wir das in der Öffentlichkeit dar?
In Gruppen suchen wir nach Beispielen für solches Verhalten in unserer Zeit und klären unser Verhältnis dazu. Ins Spiel kommen dabei auch Gefühle. Wer auffallen will, muß sich darüber klar sein, daß gefühlsmäßige Reaktionen ihm begegnen und aus ihm kommen.

2. Am Schluß wird der Film gezeigt: »Busstreik von Montgomery«. Er dokumentiert, wie zur Durchsetzung von Bürgerrechten, unter der Inspiration und Führung von Martin Luther King, Christen Öffentlichkeit herstellen, so daß der Stadtrat von Montgomery, im Süden der USA gelegen, schließlich die Rassentrennung in den städtischen Bussen aufheben mußte.

»Wer ist denn mein Nächster?«

Lukas 10,25–37

Jüngerunterweisung durch Gleichnisse

Im lk. »Reisebericht« gibt es gemäß seiner speziellen Ausrichtung auf die vermächtnishafte Jüngerunterweisung 15 Gleichnisse. Sie sind fast alle durch die Einleitungsformeln typisiert, weil sie nun einer ethisch-paränetischen Absicht dienen.

Dabei sind zwei Typisierungsschemata deutlich unterscheidbar. Ein Teil der Gleichnisse wird mit der Frage eingeleitet: »Wer unter euch?« (11,5ff; 14,28ff.31ff; 15,8ff; 17,7ff). Ein anderer wiederum wird mit der Einleitungswendung »ein Mann«, (10,30ff; 12,16ff; 13,6ff; 15,11ff; 16,1ff; 16,19ff; 18,2ff; 18,9ff; vgl. 7,41f) generalisiert. Nur eine Gleichniseinleitung (14,8ff) läßt sich nicht sicher einordnen, da die Gäste wegen des situationsbezogenen Kontextes selbst angeredet werden. Da aber »einer unter euch« als typischer Fall ausgewählt wird, läßt sich auch dieses Gleichnis in einer der beiden Sparten unterbringen.

Auf diese Weise dienen alle Gleichnisse der Jüngerunterweisung, obwohl der erste Eindruck dem Leser nahelegt, Jesus spreche in eine Situation hinein, die nicht direkt auf die Jünger beziehbar ist. Die Leser sollen aus den Erlebnissen und Reaktionen Jesu auf bestimmte Situationen und Fragen lernen. Die Gleichnisse sollen für ihre eigenen christlichen Handlungsweisen als repräsentative Beispiele dienen. Sie gewinnen damit für Lukas eine über die einzelne historische Situation hinaus beispielhafte Relevanz für die Praxis der späteren Christen.
Von den 15 Gleichnissen sind vier Beispielerzählungen, eine Form, die der Intention des Lukas besonders entgegenkommt. Sie werden überwiegend mit einer Anfrage an Jesus eingeleitet (10,25–29; 12,13–15; vgl. 16,14 mit 16,10ff; 18,9–14). In unserem Zusammenhang wird diese Formidee zum Anlaß für den Evangelisten, die Frage nach dem höchsten Gebot (Mk 12,28–34) aus dem Zusammenhang von Mk 12,13–37 herauszunehmen und sie nach hier vorzuziehen.

Deshalb fehlt diese Perikope in Lk 20. Aber die neue Überleitung von Lk 20,34–38 zu 20,41ff, die Verse 39f, lassen noch gut erkennen, daß der Evangelist die ursprüngliche Stellung der Perikope gekannt haben muß. Deshalb scheidet die Vermutung aus, Lukas habe in 10,25–28 Material aus seinem Sondergut oder sogar aus der Redenquelle verwendet. Außerdem meidet Lukas in der Passionsgeschichte Streitgespräche, so daß durchaus ein Anlaß gegeben war, die Perikope aus ihrem ursprünglichen Zusammenhang bei Markus herauszunehmen und sie an anderer Stelle zu verwerten. Ist aber der markinische Ursprung der Frage nach dem höchsten Gebot gesichert, werden die Unterschiede interessant, die die lk. Fassung gegenüber der älteren charakterisieren.

Der Fragesteller

Im Gegensatz zur Markusvorlage fragt ein »Gesetzeslehrer« (nicht ein »Schriftgelehrter«) Jesus. Der minimale Unterschied ist bedeutungsvoll, denn ein »Gesetzeslehrer« ist nach 11,45ff ein Mensch, der durch überwiegend *heilsgeschichtlich* bezogene Verfehlungen charakterisiert wird. Seine Vorgänger haben die von Gott gesandten Propheten umgebracht. Sie verstecken »den Schlüssel zur Erkenntnis«, die Heilige Schrift, um die Menschen vom Heilswillen Gottes fernzuhalten. Dagegen stellen die Pharisäer für Lukas einen *ethisch* korrupten Menschentyp dar (vgl. 11,39–44 mit 16,14f). Einen so charakterisierten Gesetzeslehrer läßt Lukas hier auftreten und die Frage nach dem Weg zum Besitz des ewigen Lebens stellen. Bei Markus hingegen ist die Frage noch rein theoretischer Natur: nach dem ersten Gebot. Auch beantwortet hier Jesus die mit böser Absicht (vgl. 18,18) gestellte Frage nicht, sondern er schiebt den »schwarzen Peter« dem Fragesteller selbst zu. Dieser zitiert wie bei Markus die Schrift Dtn 6,5; Lev 19,18, übergeht aber das monotheistische Bekenntnis zu Beginn, wie es sich noch in der Vorlage findet. Die Verkürzung erlaubt Lukas die Antwort Jesu: »Handle danach, und du wirst leben« (V. 28). Denn es geht ihm nicht um das erste Gebot, sondern um eine Praxis, die ewiges Leben gewährt. Auf diese Weise sind sich Jesus und der Gesetzeslehrer scheinbar einig geworden über den in der Schrift grundgelegten Heilswillen Gottes, der das ewige Leben sichert, wenn man ihn nur verwirklicht. Aber damit gibt sich der Fragesteller nicht zufrieden. Nun ist ihm der Begriff »Nächster« fragwürdig geworden. Durch die Form dieser Frage bereitet Lukas die Beispielerzählung indirekt vor. Der Gesetzeslehrer fragt nämlich, genau übersetzt, nicht nach dem Nächsten, sondern danach, wer ihm denn »nahe« (»ein Naher«; das griechische wie das hebräische Wort ist kein Superlativ!) sei. Dies zu definieren ist das Thema der Beispielerzählung.

Sich zum Nächsten bestimmen lassen

Während ein Priester und ein Levit an dem Schwerverletzten vorübergehen, läßt sich ein Samariter, ein Feind der Juden, von dessen Anblick zu tatkräftiger Hilfe bewegen. Die Beispielreihe von verweigerter und praktizierter Hilfe provoziert die Gegenfrage Jesu, wer denn nun dem Schwerverletzten zum Nächsten geworden sei. Diese Suggestivfrage läßt dem Fragesteller nur eine Antwortmöglichkeit: der Samariter, der sich von der lebensgefährlichen Lage des Ausgeraubten zum Nächsten hat bestimmen lassen. Die abschließende Aufforderung Jesu, es dem Samariter gleich zu tun, weist auf V. 28 und 25 zurück. Für Lukas hat das Gebot, das der Fragesteller zitierte, nur dann einen Sinn, wenn es Lebenspraxis ist, und zwar in einer Weise, wie sie der Samariter vorbildlich gibt. Er besitzt die Sensibilität für Lebenssituationen, in denen das Recht auf Selbstverwirklichung eine tiefere Bedeutung gewinnt. Man wird sich im christlichen Sinn nur selbst gerecht, wenn man nicht nur die Not des Mitmenschen ohne Rücksicht auf dessen Hautfarbe, Nationalität, Ideologie- und Religionszugehörigkeit zum Anlaß nimmt, um zu helfen, also eine Art von Werkgerechtigkeit leistet, sondern vielmehr den Anspruch des in Not geratenen Mitmenschen akzeptiert, mich zum Nächsten zu bestimmen. Die Lebensgefahr des Mitmenschen schränkt meine Freiheit so ein, daß sie zur Freiheit des Gefährdeten wird, mich zu seiner Rettung auszuwählen.

Da das Beispiel für die Jüngerbelehrung erzählt wird, stellt Lukas die rechte Praxis in das Zentrum seiner Überlegungen. Sie weist vorrangig dem Christen den Weg zum ewigen Leben. Deshalb erweitert Lukas auch die Parabel um V. 35. Er verdeutlicht, wie man sein Vermögen in einer Notsituation eines Mitmenschen sinnvoll einsetzen kann. Der Samariter bezahlte die Pflegekosten von sich aus, ohne mit einer Erstattung seiner Auslagen zu rechnen. Dieses beispielhafte Verhalten wird aus lk. Sicht der Aufforderung des Paulus Apg 20,35 gerecht, »sich der Schwachen anzunehmen«, und setzt das Jesuswort »Geben ist seliger als nehmen« in die Tat um. Denn der Samariter läßt den Schwerverletzten nicht im Straßengraben liegen, sondern hilft ihm. So gibt er ein rechtes Beispiel im Gegensatz zu dem reichen Mann in 16,19ff, der den Lazarus vor seiner Tür liegen läßt.

Praxis

Vorschlag A: Auf dem Weg zwischen oben und unten – Spiel mit einem Modell

Das Gleichnis kann als Hilfsmittel und Raster für die Strukturierung unserer Orientierung verstanden und verwendet werden (vgl. Praktische Bibelarbeit heute, S. 142f): In welchem Verhältnis stehe ich zu meinen Mitmenschen, was ist von mir gefordert, *wem* soll ich mich zuwenden, wo bin ich »zuständig«? Diese Fragen sind je nach Person

und Situation immer wieder neu und anders zu beantworten. Gibt es dafür allgemeine Regeln?
Bei der praktischen Arbeit mit dem Gleichnis sollte nicht vergessen werden, daß es nicht einfach eine Aufforderung zur Nächstenliebe ist, sondern nach der Antwort auf die Frage »Was muß ich tun, um das ewige Leben zu gewinnen?« ein Beispiel für *eines* der beiden wichtigsten Gebote. Die Frage, wer denn mein Nächster ist, muß durchaus *ernst* genommen werden.
Das folgende Spiel mit Figuren soll den spezifischen Gehalt des biblischen Gleichnisses so erkennen lassen, daß eine Anwendung auf heutige Situationen möglich wird.
1. Im Gespräch mit den Teilnehmern wird auf dem Arbeitsprojektor oder einer Tafel folgende Struktur entwickelt:
Wir sind alle auf dem Weg, unterwegs, von einem Ausgangspunkt zu einem Ziel – oder wenigstens in eine bestimmte Richtung:

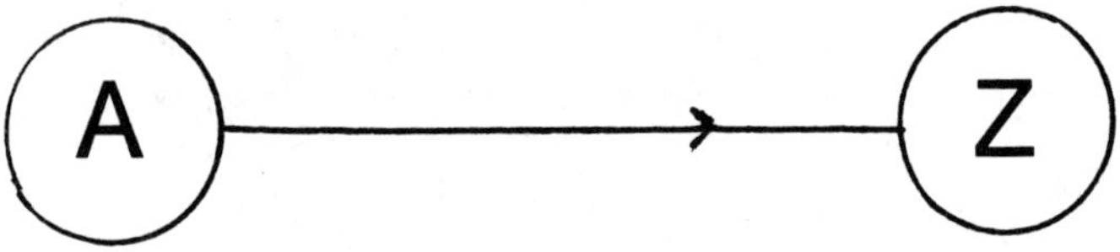

Die Teilnehmer nennen, was ihnen zu A und Z einfällt, wie etwa: Geburt – Tod, Elternhaus – Ausbildung, Arbeit – Erholung, Alleinsein – Partner. Hier gibt es manche Möglichkeit einer humorvollen und auflockernden Ausgestaltung, z. B. wenn ein junger Mann ein Rendezvouz mit einem hübschen Mädchen vor sich hat,  zuhause aber eine schimpfende Mutter war  (die wieder weggewischt oder weggenommen werden können, wenn sie auf einer aufgelegten Folie gezeichnet wurden).
2. »Programm« oder »Fahrplan« zwischen Ausgangspunkt und Ziel ergibt sich aus dem »Überbau«, d. h. aus den Bedürfnissen und obersten Werten, die ein Mensch hat. Die Gruppe nennt und sammelt, was dies sein kann: Geld, Erfolg, Gott, Moral. Wenn es sich um weit entfernte oder schwer erreichbare Ziele handelt, ist ein Programm als Motivation und Vorgabe sehr wichtig. Es hat allerdings auch den Nachteil, daß es den Menschen festlegt oder zum Selbstzweck wird.

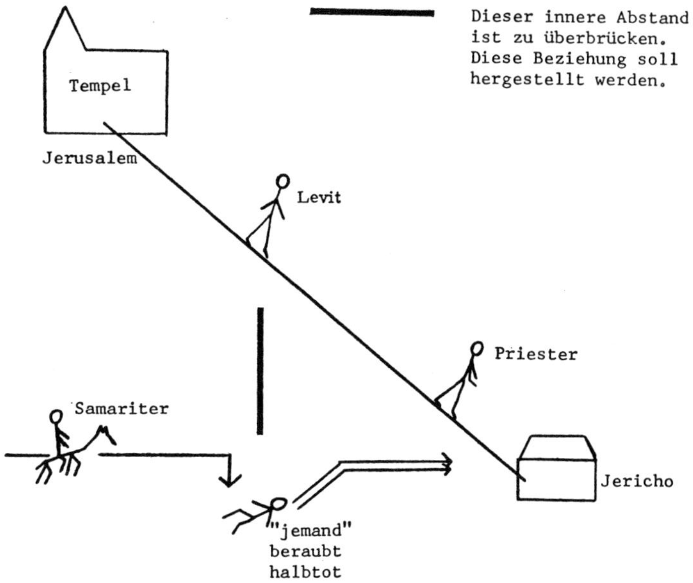

3. Was wird nun geschehen, wenn eine Herausforderung wie die im Gleichnis genannte begegnet? Der am Boden liegende Beraubte wird eingezeichnet. (Dies gelingt übrigens noch besser, wenn der »Mensch unterwegs« mit seinem Programm oben und der Verletzte unten nicht eingezeichnet, sondern aufgelegt werden, weil dann die Figuren verschoben werden können.) Während Priester und Levit vorbeigehen, nimmt ihn der Samariter (der von links unten ins Bild geschoben werden kann) mit und versorgt ihn. Warum hat er geholfen, während die anderen vorbeigegangen sind? War der »Nächste« im Programm der anderen nicht vorgesehen oder wurde er nicht als solcher erkannt? Oder haben die sich einfach gedrückt? Die Teilnehmer werden viele Möglichkeiten nennen (siehe unter Vorschlag C).
Auch Beispiele aus der heutigen Zeit können gesucht werden: Ein Schüler ist auf dem Weg zu seiner Freundin, aber ein Schulkamerad kommt mit seinen Hausaufgaben nicht zurecht und bittet ihn um Hilfe.
4. Nach der Beschäftigung mit dem Modell wird ein Leitsatz formuliert (in Gruppen oder im Plenum), z. B.:

- Mein Nächster ist, wer meine Hilfe braucht – einer, dem ich helfen kann.
- Den Nächsten lieben heißt ihm helfen.

Vorschlag B: Wer ist mein Nächster?

Es werden zwei Gruppen gebildet, die versuchen sollen, eine Antwort zu finden.
a) Die *erste Gruppe* erhält die Aufgabe, die im Gleichnis von dem Gesetzeslehrer gestellte Frage selbst zu formulieren, weil der Begriff »ewiges Leben« von manchen nicht (mehr) oder zu eng verstanden wird. Hierfür können vom Leiter auch Vorgaben gemacht werden, z. B. »Was muß ich tun, um die höchste Lebensqualität, optimale Lebenserfüllung, Selbstverwirklichung, ein anerkennenswertes Leben zu finden – um richtig zu leben?«
Als zweites sucht die Gruppe dann eine eigene Antwort. Die von Jesus gegebene kann übernommen oder anders formuliert oder jedenfalls mit der selbstformulierten verglichen werden. Wenn in der Gruppe keine Einigung zu erzielen ist, bleiben zwei oder drei Fassungen stehen.
b) Die *zweite Gruppe* soll versuchen, eine Definition oder andere Bezeichnungen für den Begriff »Nächster« zu finden (z. B. Gefährte, Genosse, Mitmensch). Wenn möglich ist in einer Reihenfolge anzugeben, welcher Begriff der Gruppe am besten geeignet erscheint. Kann die Frage, ob sich damit das Gleichnis gut erzählen läßt, ein Maßstab sein?
Dann wird nach Beispielen gefragt, bei denen der (die) gefundene(n) Begriff(e) im Sinn des biblischen Gleichnisses angewendet werden kann. Dabei kann auch die persönliche Erfahrung eingebracht werden: Wem bin ich Nächster (gewesen), wer ist mir Nächster (gewesen)? Wo bin ich selbst, wo sind andere an mir vorbeigegangen – und warum? Wo habe ich Hilfe erfahren von jemand, der mir nicht schon verbunden war, die ich nicht verdient, nicht später bezahlt und abgedankt habe?
Wenn die beiden Gruppen sich gegenseitig aus ihrer Arbeit berichten und die Ergebnisse vorstellen, kann noch darüber gesprochen werden, ob in den Antworten auf die beiden Fragen ein Widerspruch liegt, der überwunden werden muß, oder ob es sich um zwei Aspekte ein und derselben Wirklichkeit handelt.

Vorschlag C: Pro und Contra Nächstenliebe

Von zwei (oder bei mehr als 12 Teilnehmern 4 bzw. 6) Gruppen wird eine Pro-und-Contra-Diskussion vorbereitet. Um die Erzählung aus der moralischen Selbstverständlichkeit und der elementarisierenden

Wirkung der Beispielgeschichte zu befreien, die eine Anwendung auf den Alltag erschweren, ist der Contra-Gruppe große Bedeutung beizumessen. Sie muß durch Vorgaben oder Beratung unterstützt werden, um ihr eine Identifikation mit der übernommenen Rolle zu erleichtern. Es lassen sich ja tatsächlich eine Reihe von ernstzunehmenden Einwänden und Fragen gegenüber der Aussage des Textes vorbringen, die aber in Gesprächen über Bibeltexte meist verdrängt werden. Viel hängt dabei von der Formulierung ab.

Mögliche Argumente der Contra-Gruppe:

- Der Samariter hatte eben auch das Maultier und konnte den Verletzten aufladen.
- Nicht jeder *kann* eben da helfen; er hat nicht die Kenntnisse und die notwendige Einstellung und schon gar nicht die Flexibilität, die das möglich machen.
- Das hier ist ein extremes Beispiel; aber der »Nächste« braucht doch nicht immer und nicht so dringend wie hier Hilfe: Wann gibt es so was schon mal in unserer Umgebung?
- Bei uns ist das heute ganz anders: Da ist das meiste in Zuständigkeiten (recht gut) aufgeteilt, und wenn ihr ehrlich seid: dagegen läßt sich auch gar nicht viel machen.
- Meine »Nächsten« sind hauptsächlich meine Kinder, meine Kunden, meine Kumpel. Natürlich spende ich ab und zu etwas, mehr vielleicht als mancher andere.
- Ich wüßte gar keine Situation, wo das wirklich auf mein Leben zutreffen sollte...
- Die »Nächsten« brauchen doch nicht immer Hilfe. Meist ist man einfach so zusammen. Jeder muß sehen, wie er auskommt. Der eine hat etwas mehr, der andere etwas weniger, jeder muß damit zurechtkommen. Die außergewöhnliche Hilfe ist da nicht das Problem...
- Die Geschichte ist extrem unwahrscheinlich. Wenn so etwas passierte, würde jeder mindestens Hilfe holen, aber nicht einfach so vorbeigehen.
- Irgendwie hängt das doch stark vom Zufall ab, in welche Situation man kommt und wie man sich da verhält.
- ...oder vom Charakter. Dem einen liegt Helfen eben mehr als dem anderen, was kann er dafür. Vielleicht liegt das an der Erziehung.
- Wer weiß, wo Priester und Levit an ihrem Platz, in ihrem Beruf, eben an anderer Stelle, Gutes tun.
- Das hat alles seine Vor- und Nachteile. Menschen in dieser Stellung und mit einem solchen Programm können sich eben nicht so ohne weiteres um einen anderen kümmern wie dieser Samariter – dafür leisten sie anderes, was der nicht kann und was auch vielen zugute kommt.

Heute würde mancher sagen:

- Es fällt wirklich schwer zu helfen, wenn andere in ungeheurem Reichtum leben.

- Und nach dem, was man so hört, ist es ziemlich unsicher, ob die Bedürftigen die Hilfe auch wirklich erreicht.
- Viel wichtiger ist es dafür zu sorgen, daß die Kriminalität zurückgeht und die Verhältnisse verbessert werden; grundsätzlich bin ich aber auch bereit, jemand zu helfen, wenn es zumutbar ist.

(Aus all diesen Argumenten kann auch ein »Antigleichnis« gebildet werden. Erl/Gaiser nennen in »Neue Methoden der Bibelarbeit« S. 21 ein Beispiel.)

Argumente der Pro-Gruppe (sie wird zwar weniger Einzelargumente nennen können, hat aber die moralisch bessere Position):

- Ja, man kann schon eine ganze Menge tun, wenn man das so sieht: Zeit opfern für andere; ihnen helfen, die Leistungsanforderungen unserer Gesellschaft auch zu erreichen, oder wenigstens damit fertig zu werden, benachteiligt zu sein…
- Ich würde mir ja auch wünschen, daß mir einer hilft, wenn ich in einer solchen Lage bin.
- Alles läßt sich eben nicht organisieren, da muß man auch mal zupacken, wenn man nicht »zuständig« ist.
- Die möglichen Pflichten oder eigenen Interessen der Vorbeikommenden wiegen in einem solchen schweren Fall niemals so schwer wie die Not, in der sich der unter die Räuber Gefallene befindet.

Die Pro-und-Contra-Diskussion kann auch ergeben, daß es gar nicht von der Zahl oder der Gewichtigkeit bzw. Plausibilität der Argumente abhängt oder abhängen darf, ob ich mich betroffen fühle und mich zur Hilfe entschließe, sondern davon, wie ich sonst lebe und wovon ich mich geistig prägen ließ.

Vorschlag D: Eine neue Geschichte formulieren

Der Leiter schlägt vor, in Gruppen eine Geschichte zu finden, die Jesus *heute* im Sinne des barmherzigen Samariters erzählen würde, wenn möglich auch mit Zeichnungen. Es kommt dabei darauf an, Beispiele, die den Teilnehmern einfallen, in die Form einer erzählbaren Geschichte zu bringen, z. B.:

- Wie einem, der unter die Medienmacher gefallen ist, geistig ausgezogen und halbtot liegen gelassen wurde, wieder aufzuhelfen ist.
- Ein Mädchen kommt in der Schule nicht zurecht und schließt sich einer Gruppe an. Ein Rocker kümmert sich um sie…
- Ein Junge gerät in Drogenabhängigkeit. Eine Famile nimmt ihn bei sich auf.

Die ungleichen Schwestern

Lukas 10,38–42

Vieles und Eines

In voller Übereinstimmung mit der lukanischen Darstellungsweise folgt auf die Beispielerzählung vom guten Samariter ein weiteres kleines Lehrstück. Auf dem Weg Jesu nach Jerusalem (vgl. 9,51.57/10,1 mit V. 38a) kehrt Jesus bei zwei Schwestern ein. In beispielhafter Erzählweise (»*eine* Frau namens Marta...«) werden nun die unterschiedlichen Reaktionen der beiden Frauen auf den hohen Gast einander gegenübergestellt.
Marta, die als Hausherrin Jesus empfangen hatte, gibt sich alle erdenkliche Mühe, um ihrer Gastgeberrolle gerecht zu werden (V. 40). Ihre Schwester Maria (V. 39) hingegen setzt sich zu Füßen Jesu, um »sein Wort«, d. h. das Wort Gottes (vgl. 5,1; 8,11.21; 11,28 u. a.), zu hören. Die knappe Notiz, daß sie Jesus zu Füßen saß, stellt klar, daß Maria als Schülerin die Worte Jesu hören und zugleich lernen will (vgl. Apg 22,3; P. Abot 1,4). So gibt sie zu erkennen, daß sie sich unter seine Jünger (vgl. 8,2f) eingereiht wissen will.
Das Verhalten der Marta charakterisiert der Erzähler V. 40 mit dem Verb »abgezogen« bzw. »abgelenkt werden« (»ganz in Anspruch genommen«). Seit Polybios hat es die negative Bedeutung »abgelenkt sein von der Hauptsache« (vgl. 1 Kor 7,34f). Demnach bezeichnet es eine das Wesentliche störende Zerstreuung.
Daß dieser Kontrast im Verhalten der beiden Schwestern bewußt herausgearbeitet wird, stellt die Antwort Jesu auf die Vorhaltung der Gastgeberin klar. Er stellt der Sorge um vielerlei das rechte Verhalten der Maria (V. 42) gegenüber. Um den Gegensatz unübersehbar zu machen, kontrastiert der Erzähler »die Sorge um *vieles«* (V. 41b; vgl. V. 40) mit dem *Einen«* (V. 42a), was in den Augen Jesu allein nötig ist.
An mehreren Stellen in seinem Evangelium kommt Lukas auf die Problematik des Sorgens zu sprechen: 8,14; 12,11.25f.29–31; 21,34 (vgl. Apg 6,1–6). Er meint damit die Lebensweise, die sich in ständiger Sorge um alltägliche Dinge an die Welt verliert. Ein Mensch, der wie Marta sein Leben nach diesem Drehbuch gestaltet, lebt aus lukanischer Sicht an der Hauptsache vorbei, nämlich den »guten Teil« (vgl. Plut., Isis und Osiris 370 C; ökumen. Übers. »das Bessere«) zu wählen, der einem nicht mehr weggenommen wird.
An der Darstellung des Verhaltens von Maria läßt sich ablesen, was Lu-

kas mit dem »guten Teil« gemeint hat. Jeder, der das Wort Gottes hört und es als das einzig Wichtige für sein Leben erachtet, erlangt einen »Schatz im Himmel« (12,33; vgl. 10,20b; 12,21; 18,18ff, bes. V. 22.30). Dieser »gute Teil« kann ihm nicht mehr »genommen« werden. Denn das Verhaltensmodell, das man jetzt wählt, bleibt bedeutsam bis zum Tag der eschatologischen Entscheidung. Mit diesem Ausblick V. 42b beschließt der Evangelist sein Lehrstück für den Leser.

Häusliche Idylle?

Obwohl die Episode eine häusliche Idylle spiegelt, die mit dem Etikett »bürgerlich« versehen nicht mehr die Radikalität der Nachfolge in der älteren Jesustradition zu fordern scheint, transformiert sie gerade diese in die hellenistisch geprägte Welt des Lukas und seiner Leser. Das ethische Denkmodell, das hinter dieser Perikope steht, hat seine Parallelen in der Popularethik der Zeit, die vom Kynismus und von der Stoa geprägt wurde. Der Kontrast zwischen Einem und Vielem findet sich bei Epiktet, Dissertationes I,1.14 (und in der Spielart »Eigenes« und »Fremdes« an vielen Stellen bei diesem Autor): »Aber jetzt, obwohl es in unserer Kraft wäre, sich nur um eine Sache zu kümmern und uns dieser ganz zu widmen, wählen wir trotzdem den Weg, uns um viele Dinge zu kümmern und uns an vieles zu binden: an unseren Körper, an unseren Besitz (vgl. Lk 12,13ff), an Bruder, Freund, Kind und Sklaven« (vgl. Lk 9,59–62; 14,26ff; 18,18ff).
Beim gleichen Autor findet sich auch (vgl. Diss. I,29.59; II,21.22) der Gedanke, daß man sich durch zu vieles von der Hauptsache selbst abbringen läßt. Er schreibt in seinen Dissertationes III,22.69:

»Aber bei dem jetzigen Zustand der Dinge, der mit dem eines Schlachtfeldes zu vergleichen ist, stellt sich vielleicht die Frage, ob nicht der Kyniker von jeder Ablenkung frei sein, ganz dem Dienst Gottes gewidmet, ungebunden zwischen den Menschen einhergehen, nicht an persönliche Verpflichtungen gefesselt noch in mitmenschliche Kontakte eingebunden sein muß, die er nicht verletzen kann… Denn andererseits, wenn er der Lage der Dinge folgt, wird er sein Amt als ein Bote der Götter… zerstören. Wahrlich, er muß seinem Schwiegervater einen Gefallen tun, ebenso dem übrigen Anhang seiner Frau und schließlich und endlich seiner Frau selbst. Darüber verliert er seinen Beruf, um als Amme sich ganz seiner eigenen Familie zu widmen…«

Zeigt sich bei dem Vergleich dieser Zitatenauswahl mit der Mahnung Jesu, sich auf das Eine zu konzentrieren und die Sorge um vieles zu lassen, eine Gedankenverwandtschaft, so gibt es auch gewisse Unterschiede. Vor allem wird die lukanische Episode von einem anderen Interesse geleitet als die Mahnungen Epiktets. Maria hat nach Lukas den guten Teil gewählt, der unvergänglich ist und ihr nicht mehr genommen werden kann. So lenkt der Evangelist die Aussage der Episode über das rechte Verhalten angesichts des Aufenthaltes Jesu bei den beiden ungleichen Schwestern zu dem zentralen Punkt, der seine ethische Konzeption bestimmt: Das dem Wort Jesu gemäße rechte Verhalten in der Gegenwart bleibt im Himmel bewahrt (10,20) bis zum Gericht.

Praxis

Thema: Jesus begegnen

Unter den Juden galt die Gastfreundschaft als eine Gnadengabe Gottes, die dem Fremden selbstverständlich gewährt wurde. In dieser Tradition steht Marta, wenn sie Jesus aufnimmt und sich um seine Versorgung besonders viel Mühe macht. Diese Art der Aufnahme kritisiert Jesus erst, als die Gastgeberin ihn zur Rede stellt, weil er sich mit ihrer Schwester Maria beschäftigt (die sich für seine Botschaft interessiert) und sie damit von der Mithilfe und Mitsorge um das leibliche Wohl des Gastes abhält. »Herr, kümmert es dich nicht?« – so fragten ihn seine Jünger auch damals im Boot, als sie sich kurz vor dem Untergang wähnten (Mk 4,38).
In der Begegnung mit Jesus will Marta alle eigenen Möglichkeiten aufbieten und dabei auch ihre Schwester einspannen. »Diese Art Diakonie nimmt völlig in Anspruch, ja sie überlastet« (D. Fischinger). Aber Jesus will nicht wie bei einem Staatsbesuch empfangen werden. Er will Menschen begegnen, die offene Ohren haben für die »Hauptsache« (s. Auslegung) und die seinen Dienst annehmen.

Vorschlag A

1. Der Text Lk 10,38–42 wird gelesen und vom Leiter kurz erläutert: Hier begegnen Jesus zwei Frauen auf unterschiedliche Weise.
2. In Arbeitsgruppen (4–5 Personen) sollen sich die Teilnehmer darüber Gedanken machen, welche Verhaltensweisen heute dem Verhalten der Frauen in der Begegnung mit Jesus entsprechen. Jeweils ein Teilnehmer aus der Gruppe schreibt die wichtigsten Gedanken dazu auf.
3. Im Plenum berichten die Gruppen von ihren Überlegungen. Im gemeinsamen Gespräch werden im Anschluß an die Ergebnisse aus

den Gruppengesprächen Antworten auf die Frage gesucht, wie wir Jesus so begegnen können, daß die »Hauptsache« im Mittelpunkt steht (»Gottes Wort hören«) und die ablenkenden Faktoren möglichst gering gehalten werden.
4. Abschließen kann der Leiter mit Gedanken zu V. 42 (s. Auslegung).

Vorschlag B

1. In seiner Einführung beschreibt der Leiter das Thema »Jesus begegnen« mit Beispielen aus dem Neuen Testament (z. B. Petrus, Saulus, Lydia) oder/und mit Beispielen aus der Geschichte der Kirche. Absicht der Beschäftigung mit diesem Thema ist das Finden von Antworten auf die Frage, wie und wo Menschen heute Jesus begegnen können.
2. In Gesprächsgruppen (ca. 6 Personen) überlegen sich die Teilnehmer die genannte Frage, sprechen darüber und versuchen für sich selbst konkrete Ratschläge zu formulieren.
3. Im Plenum liest der Leiter zunächst den Text Lk 10,38–42 und erläutert diesen kurz. Im sich anschließenden Gespräch sollen die Teilnehmer ihre in den Gesprächsgruppen gewonnenen Ratschläge mit der Aussage der Begegnungsgeschichte von Maria und Marta konfrontieren. Im Bedarfsfall kann der Leiter noch ergänzende Informationen und Gedanken einbringen zu einzelnen Stichworten, wie z. B. Stille, Gottesdienst, Gemeinschaft, Sakrament, Seelsorge, Beichte, Diakonie.

Vorschlag C

1. Jeder Teilnehmer erhält das Bild »Der Hörende« von Toni Zenz (Bezugsquelle s. Anhang) und betrachtet es still. Nach ca. 10 Minuten teilt jeder seine Gedanken, Einfälle und Fragen der Gruppe mit; es wird nicht diskutiert.
2. Dann wird der Text Lk 10,38–42 gelesen und vom Leiter ausgelegt (s. Auslegung und Einführung).
3. In kleinen Gruppen sprechen die Teilnehmer über die Frage: »Wie habe ich etwas von Gott gehört und etwas von ihm wahrgenommen?«
4. Im anschließenden Plenum ist es vielleicht möglich, daß einzelne Teilnehmer ihre Erfahrung mitteilen; hier werden auch offene Fragen aufgenommen.

Haben oder Sein?

Lukas 12,13–21

Im Unterschied zur vorhergehenden bietet diese Perikope eine abschreckende Beispielgeschichte. Wie bei Lukas nicht anders zu erwarten, beleuchtet sie das Problem des diesseitigen Reichtums und seine Wurzeln in der rastlosen Habgier. Dieses Stichwort (Habgier) wird vom Evangelisten V. 15 in der von ihm geschaffenen Rahmensituation eingeführt. Damit nennt er das Laster schlechthin, vor dem in vielen hellenistischen »Lasterkatalogen« gewarnt wird.

Plutarch (De cupiditate divitiarum 7) nennt die Habsucht die Lebensdevise der Reichen: »Verdienen und sparen mußt du! Vergiß niemals, daß du so viel wert bist, wie du hast!« Aus diesem Grund ist es nicht verwunderlich, daß sich auch in Sir 11,18f eine direkte Parallele zu unserer Beispielerzählung findet: »Gar mancher strebt nach Reichtum und lebt knauserig; doch sein Erspartes teilt ein anderer auf. Er spricht zu seiner Zeit: Ich habe endlich Ruhe gefunden, und jetzt will ich genießen mein Vermögen. Doch weiß er nicht, was seine Frist sein wird, und einem anderen hinterläßt er es und stirbt.« (Vgl. weiter Ps 49,18; Koh 8,15; Spr 27,1; Hen 97,8ff.)

Auf diesem Hintergrund läßt sich die Beispielerzählung verstehen. Sie endet mit einer Quintessenz, die V. 15 aufgreift und präzisiert. Mit diesem Vers deutet der Evangelist an, daß er das Beispiel nicht nur um einer Lebensweisheit willen erzählt hat. Seiner Ansicht nach ist Gott gewillt, die individuellen Lebensschicksale mit dem Tod umzukehren (vgl. 1,52f; 6,20–26; 16,19–31). Deshalb mahnt der Schluß das in den Augen des Evangelisten richtige Verhalten an: Man muß bei Gott reich sein, d. h. man soll sich in den Besitz dessen setzen, was in den Augen Gottes Wert hat. Aber Reichtum und Lebensgenuß als Ziel des Lebens anzusehen, ist angesichts von dessen Unverfügbarkeit reine Torheit.
Auch dieses Beispiel hat Jesus nach Lukas zur Belehrung der Jünger gegeben. Was bei Gott wertbeständig ist, hat der Evangelist schon positiv in 10,1–20.25–37 angedeutet. In den beiden auf unsere Beispielgeschichte folgenden Perikopen 12,22–32.33–34 zieht Jesus nach Lukas daraus die Lehre für die Jünger: Sie sollen sich nicht um die täglichen Dinge sorgen. Gott wird sie ihnen geben. Denn wenn sie in diesem Leben freiwillig arm sind bzw. werden, wird ihnen der Vater seine Herrschaft schenken. Ihre Armut ist ein Zeichen dafür, daß ihr Sinnen auf Gott allein gerichtet ist. Er allein nämlich vermag ein sinnerfülltes Leben und jenseitiges Heil

zu schenken, das die diesseitigen Entbehrungen der Christen um ein Vielfaches auszugleichen und zu übertreffen vermag.

Praxis

Vorschlag A: Arm sein will keiner

1. Diese Erzählung trifft uns alle, wenn auch unterschiedlich: *Alle,* weil wir im Weltmaßstab – und der muß angelegt werden; denn Gott ist in die Welt gekommen und sein Wort ist Wort in die Welt – alle Reiche sind. Wer Länder der Dritten Welt besucht hat, kann dieser Feststellung nicht widersprechen. Und sie trifft uns *unterschiedlich,* weil es in unserem Land Menschen gibt, die, gemessen an denen mit großen Vermögen, hohen Einkommen, Renten und Pensionen, arm sind.
Nach dieser Einleitung Vorführung des Films »Arm würd' ich nicht sagen«.

Das Ehepaar mit den neun Kindern in der Papageiensiedlung bezeichnet sich selbst als nicht arm. Wie würde ich sie bezeichnen? Worin besteht Armut? Zeit zum Nachdenken, stichwortartige Niederschrift der Antworten, jeder für sich.

2. Der Text wird gelesen (leise oder laut). Wir lassen uns zunächst auf den einleitenden Dialog ein, V. 13–15. Wer Unrecht erlebt, leidet sehr intensiv. Hier hat das Unrecht die Form des vom Bruder vorenthaltenen Erbteils. Der Benachteiligte sucht Unterstützung bei Jesus, scheint aber kein Verständnis zu finden. Dem Bruder, der nicht bereit ist, das Erbe zu teilen, kann die Antwort Jesu nur recht sein.
Im Gruppengespräch versuchen wir, die Haltung Jesu zu verstehen. Es werden Berichte ans Plenum gegeben und dort weiter diskutiert.

3. Der Kirche wird vorgehalten, daß sie in der Vergangenheit im Bund mit den Mächtigen und Reichen gestanden hat und daß auch heute noch ihr Hang nach dieser Seite hin stärker ist als zu den Armen.
Im zweiten Gruppengespräch werden Tatsachen gesucht, die diese Behauptung stützen, und solche, die sie widerlegen, Ergebnisse ins Plenum gegeben und schriftlich festgehalten.

4. Es bleibt aus dem Dialog die Warnung vor der Habgier. Sie ist in der Kirche unumstritten. An wen wird sie gerichtet? Wer kann sie aussprechen?
Das dritte Gruppengespräch geht davon aus, daß sich nicht jeder auf

jedes Thema einlassen kann. Es gibt heute Arme in der Welt und es gibt Reiche, die beide Christen sein wollen. Über einen Sinn des Lebens abseits jeglichen Überflusses, von dem Vers 15 spricht, wird ein Reicher anders reden als ein Armer. Die Frage lautet allgemein: Kann und soll ein Reicher überhaupt darüber reden? Sie lautet für uns im Wohlstand lebende Christen: Wie sind wir vor der Weltöffentlichkeit und vor Gott die Narren, zu denen uns die Erzählung vom reichen Kornbauern längst gemacht hat?

Vorschlag B: Die Aufdeckung der Habgier

1. Uns ist verständlich, daß Jesus um Hilfe gebeten wird von einem Mann gegen seinen Bruder, weil dieser sich weigert, das Erbe mit ihm zu teilen. Die Reaktion Jesu darauf ist brüskierend. Wir versuchen uns in diese Situation hineinzubegeben, indem wir die Begegnung zwischen Jesus und dem hilfesuchenden Mann *spielen.* Das bringt neue Erfahrungen, die weiter führen, als wenn wir nur darüber nachdenken und reden.
Es werden die beiden Rollen besetzt. Im Dialog kommt es darauf an, daß der um Hilfe Bittende die Zurückweisung überwindet, weiterredet und im Gespräch der Satz: »Wer hat mich zum Richter oder Schlichter bei euch gemacht?« einsichtig wird. Nach dem Dialog kann das Spiel wiederholt werden mit vertauschten Rollen. Beide Spieler teilen mit, welche Erfahrungen sie während des Spiels machten. Danach äußern die Zuschauer, was sie beobachteten und erlebten.
2. Uns bewegt die Frage, wie das Wort »Hütet euch vor der Habgier« zu dem Bruder kommt, der sich weigert, das Erbe zu teilen. Zu diesem Zweck spielen wir eine zweite Szene. Jesus spricht den Bruder auf das zurückgehaltene Erbe an. Die Weigerung, das Erbe zu teilen, muß nicht Ausdruck brutalen Eigensinns sein oder physischer Überlegenheit. Es gibt sachliche Gründe, gegen eine Erbteilung zu sein. Wir brauchen nur an Kleinbetriebe und Landwirtschaften zu denken. Im Dialog wird es darauf ankommen, den Satz »Hütet euch vor der Habgier« zum Klingen zu bringen, so daß herauskommt, welchen Anteil da Habgier möglicherweise an der Zurückhaltung des Erbes hat.

Vorschlag C: Der Wohlstand unser Verhängnis?

1. Mein Wohlstand ist nicht von mir erarbeitet. Ich habe teil an ihm als Mitglied dieser Gesellschaft. Der Geburtsort entscheidet darüber, wer als Reicher und wer als Armer lebt und stirbt.

In Gruppengesprächen wird dieser Sachverhalt abgeklärt und das Ergebnis im Plenum festgehalten.
2. Dann wird der Film gezeigt: »Das Märchen vom klimatisierten Paradies«. Ein Hausierer versucht vor einem Supermarkt seine kleinen Geschäfte zu machen. Das erregt Ärgernis. Er endet, nachdem das Aufsichtspersonal ihn weggeschickt hat, schließlich als Werber für den Supermarkt in der Rolle eines Leierkastenmanns.
3. Die Supermärkte sind die großen Scheunen, aus denen wir im Überfluß leben. Eine Alternative dazu scheint es nicht zu geben. Wer am Wohlstand rüttelt, riskiert die Katastrophe. Deshalb gilt Sicherung des Wohlstands neben der des Friedens als oberstes politisches Ziel. Kein Politiker kann es aus dem Auge lassen und von der Liste seiner Versprechungen streichen.
Für das Gespräch in Gruppen drei Fragen:

a) Daß Friedenssicherung um des Wohlstands willen nötig ist, scheint logisch. Weniger logisch scheint, daß mit der Sicherung des Wohlstands auch der Frieden sicherer wird. Liegt ein Denkfehler vor?

b) Gibt es Auswege aus dem Wohlstand, die den Frieden sicherer machen könnten? Wie werden sie begehbar?

c) Wer sich ein Leben im Überfluß erhalten will, ist in den Augen Gottes ein Narr. Alle Welt wird das erkennen. Was heißt es für uns, ein aufrichtiger Narr zu sein, vor Gott und den Augen der Welt?

4. Aus den Berichten ans Plenum kann der Leiter ein Gebet sprechen, das unsere Verlegenheit vor Gott aufdeckt, um Inspiration und Mut bitten, aus ihr herauszukommen.

Die gewährte Frist

Lukas 13,1–9

Die »Zeichen der Zeit« rufen zur Umkehr

Lk 13,1–9 wird in vollem Umfang nur im Rahmen von 12,54ff verständlich. Die Jesus 13,1–5 gemeldete Untat des Pilatus und das von Jesus selbst hinzugefügte Unglück beim Einsturz eines Befestigungsturmes in der Nähe der Schiloachquelle in Jerusalem werden nämlich von Lukas nicht um der historischen Denkwürdigkeit willen erzählt, sondern als »Zeichen der Zeit«, die es richtig zu bewerten gilt.

In 12,54 wechselt Lukas den Adressaten. Das folgende ist – im Unterschied zur vorangegangenen Jüngerbelehrung – an alle gerichtet. Jesus formuliert nach einer Einleitung die Thematik des neuen Gedankenganges in 12,57. Die Belehrung der Menge zielt darauf ab, sie für das rechte Verhalten zu sensibilisieren. Für Jesus vermögen nämlich die Zuhörer die Wetterzeichen (V. 54f) zu deuten. Wenn sie aber dazu in der Lage sind, so müßten sie auch, falls der Vorwurf der Heuchelei nicht zu Recht auf sie angewendet werden soll, die »Zeichen der Zeit« prüfen und beurteilen können. Das rechte Verhalten der Umkehr angesichts solchen Unbills fordert Jesus zuerst mit einem Appell an den gesunden Menschenverstand (12,58f): Wie der Schuldner es nicht auf einen für ihn unglücklich ausgehenden Gerichtsprozeß ankommen läßt, so soll das Volk seine ihm gewährte Bußchance zur Versöhnung mit Gott nutzen.

Die Umkehrforderung aktualisiert Jesus noch einmal in 13,1–9. Das erste Zeichen (vgl. 13,1 mit 12,56) tragen neu zur Menge Hinzugekommene selbst vor. Pilatus hat im Tempel von Jerusalem einige Galiläer beim Opfer umbringen lassen.

Die wie eine bekannte historische Tatsache vorgetragene Information ist historisch nicht belegt. Zwar hat Pilatus nach Josephus, Ant. 18,85–87, am Ende seines Prokuratorenmandats Samariter auf dem Weg zu ihrem Tempel auf dem Garizim umbringen lassen, aber dergleichen ist von Jerusalem nicht überliefert. Dennoch paßt die Nachricht in die von Philo (leg. ad Gaium 38) überlieferte Charakterisierung des Pilatus. Agrippa I. beschwert sich dort beim römischen Cäsar über den Prokurator, dem er Bestechlichkeit, Gewalttaten, Raub, Mißhandlungen, Kränkungen und endlose Grausamkeiten vorwirft. Da sich auch sonst Lukas nicht gerade durch exakte historische Datenwiedergabe auszeichnet (vgl. zu 2,1f), muß der literarischen Bewertung der Verse der Vorzug gegeben werden. Denn auch über das zweite Ereignis ist uns außer der Tatsache (vgl. Josephus BJ V, 145), daß ein solcher Turm in der Nähe des Teiches Schiloach existierte, nichts bekannt.

Der Evangelist verwertet die beiden »Nachrichten« nun in der Weise, daß aus dem (vorausgesetzten) Vorhandensein der Schuld in den erwähnten Fällen auf die Schuld aller Zuhörer und auf die Gewißheit der Strafe für alle geschlossen wird (vgl. 12,59). Die eigene Schulderkenntnis (vgl. 5,8) soll die Zuhörer zur Umkehr bewegen, da sie sonst alle dasselbe Schicksal erleiden.

Noch eine Frist für Israel

Damit hätte die Predigt Jesu an das Volk beendet sein können. Der Evangelist aber übernimmt aus Mk 11,12–14 das Beispiel vom Feigenbaum und läßt es als eine weitere Entfaltung der Thematik hier folgen. Dafür fehlt es dann in Lk 19.

Die Beispielerzählung selbst ist von Lukas bewußt überarbeitet. Im Unterschied zur Vorlage räumt der enttäuschte Weinbergbesitzer, der von seinem Feigenbaum drei Jahre lang keine Früchte hatte ernten können, auf Drängen des Bauern dem Baum eine Gnadenfrist ein. Lukas aber hat aller Wahrscheinlichkeit nach den Feigenbaum als Symbol für Israel verstanden (vgl. Hos 9,10; Mi 7,1; Jer 8,13; 24,2–10; Joel 1,12; Hag 2,19). Demnach soll hier ausgesagt werden, daß Israel noch eine begrenzte Frist für die Umkehr erhält. Denn Jesus enthält sich nach Lukas jeder unwiderruflichen Verfluchung des Feigenbaums.

Nun vertritt der Evangelist in seinem Evangelium durchgängig die These, daß Jesus Israel nicht direkt zur Umkehr aufgefordert hat. Jesus tritt nämlich nicht wie bei den anderen beiden Synoptikern als Bußprediger auf, sondern seine Botschaft ist die Erfüllung der prophetischen Verheißung Jes 61,1f in Israel. Israel aber wird ihn – heilsgeschichtlich gesehen – notwendigerweise ablehnen, da kein Prophet je in seiner Heimat willkommen ist. Aus dieser Sicht ist es konsequent, Israel danach noch eine Umkehrfrist einzuräumen. Deshalb werden die Apostel und Missionare in der Apostelgeschichte Israel zur Umkehr auffordern. Auf diese Weise ist die Beispielerzählung und somit die gesamte Episode gut in den »Reisebericht« eingegliedert. Die Jünger erhalten einen Hinweis auf ihre nachösterlichen Pflichten, Israel zuerst zur Umkehr zu mahnen. Bei negativem Ausgang ihrer Bemühungen verfällt Israel endgültig dem Zorngericht Gottes.

Praxis

Thema: Gottes Geduld

In der Seelsorge und im Umgang mit uns selber stehen wir immer wieder vor der Tatsache, »daß ich das Gute will und das Böse tue«. Da sind wir dankbar für die Aussage dieses Gleichnisses und auch für andere Texte der Bibel, die von Gottes Geduld reden, die er mit mir, mit anderen und mit seinem Volk und seiner Kirche hat.
Manchmal ärgert uns aber Gottes Geduld. Sind wir der Bosheit anderer ausgesetzt – können sich Gruppen einfach nicht einigen, weil jeder das Seine sucht – betrachten wir die Streiterei zwischen christlichen Gruppen, den Kampf unter ihnen... dann denken wir rasch, Gott könnte doch ein Exempel statuieren, Schluß machen, seiner Geduld ein Ende setzen.
Aber Gott schenkt Neuanfänge. Er gibt nicht nur uns, sondern auch anderen Zeit zur Veränderung, zum Wachsen und Lernen. Gott will Menschen nicht überfordern. Und Jesus bittet uns in diesem Gleichnis um Geduld mit den anderen, um Versöhnlichkeit unter den Christen, um Liebe und Freundschaft zu allen, die Gottes Geschöpfe und Kinder sind.

Vorschlag A

1. Der Text wird gelesen (evtl. in verschiedenen Übersetzungen), und dann kann jeder einige Minuten für sich nachdenken, d. h. sich in die Situation, in die Gefühle von Weinbergbesitzer und -arbeiter versetzen.
2. Dann werden Kleingruppen gebildet (3–5 Personen), die über die Frage sprechen: Welche Vorgänge, Personen und Gruppen fallen mir ein, zu denen dieses Gleichnis Stellung nimmt? Und wie nimmt Jesus Stellung?

Beispiele

Da ist ein Verantwortlicher in der Jugendarbeit unglücklich darüber, daß seine Gruppenleiter immer noch nicht verstanden haben, daß Rücksichtnehmen auch gilt zwischen dem Hausverwalter im Gemeindehaus und den Jugendgruppen. Er meint, von der christlichen Einstellung her müßte dies doch klar sein.
Oder am Ort gibt es zwei Hauskreise und der eine »fischt« dem anderen die Teilnehmer weg. Jeder meint, die anderen könnten doch an der Peripherie der Gemeinde arbeiten. Besonders ärgerlich sind die Beteiligten, weil darüber auch schon gesprochen wurde.

Eine Gruppe kümmert sich um Ausländerkinder; die andere möchte Mitarbeiter sammeln, die bereit sind, bei einer Evangelisation im kommenden Winter mitzuarbeiten. Jeder meint, wenn es dem anderen mit dem Gehorsam ernst wäre, müßte er die eigene Sache für wichtiger halten... und nach einigen Diskussionen sprechen die »Frommen« den »Aktivisten« den Glauben ab.

3. Im Plenum wird der Text noch einmal zu Wort kommen, und man wird gemeinsam überlegen: Was war uns wichtig? Was möchten wir verändern, lernen, tun?
Ich habe erlebt, daß die Beschäftigung mit diesem Text eine Gruppe Menschen verändert hat, weil folgende Entschlüsse gefaßt und seither gelebt wurden:

- Wir wollen nicht mehr *über* die anderen christlichen Gruppen an unserem Ort reden, sondern nur noch *mit* ihnen.
- Wir wollen uns wirklich mühen, die anderen zu *verstehen.* Wir werden dann herausfinden, warum sie so denken, reden, handeln, und auch etwas über ihre Beweggründe erfahren.
- Wir wollen gerne voneinander lernen. Deshalb wird uns beschäftigen, was wir bei den anderen entdecken, was wir nicht haben, und wir werden fragen, was das für uns bedeutet.
- Wir möchten Jesus gehorchen, der uns in seinen Abschiedsreden darum bittet, um die Einheit der Kirche besorgt zu sein.
- Wir möchten brüderlich leben. Brüder kennen einander gut, denn in der Familie kann man sich nichts vormachen. Da weiß jeder um die Stärken und Schwächen des anderen. Trotzdem liebt man sich, hält zusammen, hilft sich und verläßt sich auch aufeinander.

Bei solchem Tun lernen wir mit uns und anderen Geduld zu haben und freuen uns, daß Gott mit uns und den anderen Geduld hat.

Vorschlag B

Sicher ruft der Text dazu auf, die Chance der Buße, der Umkehr wahrzunehmen, denn Gott setzt seiner Geduld auch Grenzen. Aber er sollte doch vor allem unter dem Tenor behandelt werden: Die Geduld Gottes als meine *Chance.*
1. Der Leiter nennt das Thema des Abends und bittet die Teilnehmer, auf einem Blatt Papier eine Kurve ihrer Gottesbeziehung zu zeichnen. Ich kann aufschreiben, wann ich die Beziehung zu Gott bewußt aufgenommen habe. Dann kann ich auf der Linie Zeiten besonderer Nähe/Ferne und Zeiten besonderer Erfahrungen mit Gott eintragen und zwar unter dem entsprechenden Datum/Zeitraum. Für diese Arbeit sollte man den Teilnehmern auch entsprechend Zeit lassen.
2. Dann wählt sich jeder einen Teilnehmer, mit dem er über seinen

»Weg zu Gott« reden kann. Dabei entstehen meist sehr fruchtbare Gespräche und wächst das Vertrauen in einer Gruppe.
3. Im Plenum könnte die Gruppe weiterdenken über die Frage: Wie nützen wir unsere Chancen, die uns Gott schenkt?

Vorschlag C

Vielleicht ist die Gruppe stärker an dem theologischen Gehalt dieses Textes interessiert. Dann wird das Volk Israel, seine Erwählung und Verwerfung Gegenstand des Gesprächs in der Gruppe sein. Die Exegese ist dann gründlich durchzuarbeiten und vor allem sind auch die Parallelstellen zu beachten. In manchen Gruppen befinden sich Israeltouristen, auch solche, die in einem Kibbutz gearbeitet haben oder die mit Juden befreundet und im Gespräch sind. Wieder andere kennen Ben Chorin und seine Bücher. Die Fragen zu diesem Text kommen dann von diesem Hintergrund her.
Solche Gruppen werden überlegen, wie sie sich und ihre Kirche verstehen können. Sind wir aufgepfropftes Reis auf dem alten Stamm, der keineswegs verflucht oder gar ausgeschaltet ist, oder die Nachfolger im Strom der Verheißungen, das neue Israel? Was bedeutet dies dann für unser Verhältnis zum Judentum, den Dialog zwischen Juden und Christen?
1. Wir könnten in solchen Gruppen mit einer Einzelbesinnung beginnen und zwar zu den Fragen: Was erlebe ich mit Juden und dem heutigen Judentum? Wie will ich das Verhältnis zwischen Juden und Christen verstehen? Wie denke ich über die Judenmission?
2. Kleingruppen arbeiten an den Texten mit der Frage: Was sagen diese Texte zu meinen Fragen und seitherigen Überzeugungen?
3. Gespräch im Plenum über die offen gebliebenen Fragen aus den Gruppen.

Material

Lerne warten, denn entweder verändern sich die Dinge oder dein Herz.
Die Liebe zu Jesus ist nicht unfruchtbar, sondern wie die Sonne nicht leuchten kann, ohne zu wärmen, so kann auch die Liebe zu Jesus in keinem Herzen treiben und blühen, ohne Frucht zu bringen. *Th. Fliedner*

Die Tagebücher von Frère Roger Schutz enthalten viel Überlegungen und Praxis zu diesem Text. Sie sind im Herder Verlag als Taschenbücher erschienen und zwar unter den Titeln
- Ein Fest ohne Ende (Herder 472)
- Kampf und Kontemplation (Herder 493)
- Aufbruch ins Ungeahnte (Herder 614)

Heilung und Heil

Lukas 13,10–17

Der Absicht des Evangelisten, rechtes Verhalten angesichts der in Jesu Wirken gegenwärtigen Gotteskraft und des in ihm keimhaft angebrochenen universalen Heils (vgl. 13,18–21) an typischen Begebenheiten auf dem Weg Jesu nach Jerusalem zu veranschaulichen, kommt auch die Episode von der Heilung der verkrüppelten Frau entgegen. Der Wunderbericht (V. 11–13.17) stammt aller Voraussicht nach aus dem lk. Sondergut. Das sich anschließende Streitgespräch (V. 14–16) hat Lukas selbständig hinzugefügt, ohne eine schriftliche Vorlage zu benutzen. Er überformt und erweitert eine ursprüngliche Wundererzählung in exemplarischer Absicht.

In Jesu Handeln erfüllt sich der seit Abraham (V. 16) angekündigte Heilswille Gottes, der historisch zunächst Israel gilt. Anhand der Befreiungstat, mit der Jesus eine nun schon achtzehn Jahre lang vom Satan gefesselte Frau aus der dämonischen Knechtschaft löst, erläutert Lukas die enge Beziehung zwischen der Heilung und dem Heilswillen Gottes. Die Wendung in V. 13 ist vermutlich als »passivum divinum« zu verstehen: »und sofort wurde sie aufgerichtet (von Gott)«. Die Heilung wird somit auf das in Jesu Tat sich offenbarende Heilshandeln Gottes zurückgeführt. Diese Tendenz findet ihre Bestätigung in V. 16, wo Jesus gegen den Vorwurf der in der Gestalt des Synagogenvorstehers personifizierten Gegner in einem zweiten Beweisgang die Zugehörigkeit der Frau zum Abrahamsbund zur Sprache bringt (vgl. 3,8; 19,9; Apg 13,26.33). Die Gestalt des Erzvaters Abraham spielt im lk. Doppelwerk eine nicht unbedeutende Rolle (vgl. Apg 7,2–9.17; Lk 13,28; 16,22–31; 20,37f u. a.). Schon im Benedictus 1,68–75 (vgl. 1,55) läßt Lukas den Zacharias sagen: »er (Gott) hat das Erbarmen mit den Vätern an uns vollendet (indem er aus Davids Stamm einen Retter, nämlich Jesus, sandte) und an seinen heiligen Bund gedacht, an den Eid, den er unserem Vater Abraham geschworen hat«. In Jesu Wirken erfüllt sich das Versprechen Gottes an Abraham (vgl. Apg 7,52). Die Heilung der Tochter Abrahams illustriert, auf welche Weise Gott sein Versprechen an den Patriarchen (und alle Propheten) einlöst, indem er durch Jesus dessen Kinder aus der Knechtschaft Satans befreit.

Bevor Jesus aber mit dem Hinweis auf die heilsgeschichtliche Bedeutung der Abrahamskindschaft den Einwand der Gegner endgültig als pure

Heuchelei (V. 15) entlarvt, schlägt er sie mit dem Hinweis auf ihr eigenes Verhalten. Auch sie verletzen das Gebot der Sabbatruhe, wenn sie ihre Haustiere am Sabbat zur Tränke führen. Dieses Verhalten verstößt ebenso gegen die Gesetzesauslegung der strengeren jüdischen Observanz des Rabbi Schammai (vgl. CD XI, 13f: »Niemand soll Vieh beim Werfen helfen am Sabbattag. Und wenn es in einen Brunnen fällt oder in eine Grube, so soll er es nicht am Sabbat wieder herausholen«) wie die Heilung. Aber um wieviel wichtiger ist es, eine Tochter Abrahams von ihrer fast zwei Jahrzehnte andauernden Besessenheit zu erlösen! Diese Argumentationskette offenbart die Unhaltbarkeit des Einwands. Sie belegt zugleich, mit welcher Autorität Jesus die Gegner in die Schranken weist. Mit Recht legt ihm Lukas in V. 15a den Hoheitstitel »Kyrios« zu.
Auf eindrucksvolle Weise – mit Antithesen und Wortspielen, der heilsgeschichtlichen Bedeutung der Perikope gerecht werdend durch die Anlehnung an den Sprachgebrauch der Septuaginta – hebt Lukas hervor, daß Gott sich Israels in Jesu Taten wohltätig angenommen hat (vgl. 1,54f), wie er es einst den Vätern zugesagt hatte. Wie Stephanus in Apg 7 sollen die Jünger die Erfüllung der Heilsgeschichte in Jesus verkünden. Auch in ihrem Verhalten sind sie auf Jesu wohltätiges Handeln verwiesen, der von sich aus die Frau unverzüglich aus den Fesseln Satans löste. Er nahm dabei die Kontroverse mit den Gegnern bewußt in Kauf. Anfeindungen soll man nach Lukas ohne Bedenken in Kauf nehmen, geht es um die Verwirklichung der Botschaft Jesu in Wort und Tat (vgl. V. 10).

Praxis

Thema: Jesus erfüllt den Heilswillen Gottes am Sabbat

Ziel: Jesus an seinen Wunderzeichen als Heiland und Herrn der Welt erkennen und anerkennen

Mögliche Einstiege in das Thema

A. Nachdem die Perikope im Plenum verlesen wurde, arbeiten drei Kleingruppen mit Hilfe einer schriftlichen Arbeitsanweisung etwa 30 Minuten:

1. Vergleichen Sie Lk 13,10–17 mit den Texten Lk 14,1–6 und Mt 12,9–14! Welche Übereinstimmungen und welche Unterschiede stellen Sie fest? Diskutieren Sie die Bedeutung dieser Unterschiede und Übereinstimmungen für die Aussageabsicht in Lk 13,10–17!

2. Welches ist nach Ihrer Meinung der wichtigste Vers, der »Sinngipfel« der Perikope? Was ist die Ursache der Krankheit der Frau? Welche Konsequenz ergibt sich daraus für die Person und das Wirken Jesu? Wie deuten Sie den Hoheitstitel »Herr«, den Lukas für Jesus in V.15 gebraucht?
3. In V.16 nennt Jesus die gekrümmte Frau eine »Tochter Abrahams«. Diskutieren Sie die Bedeutung dieser Aussage im Zusammenhang folgender Bibelstellen: Lk 1,55; 3,8; 13,28; 16,22; 19,9; 20,37 und Apg 7,2 (wobei letzterer Vers direkte Hinweise bietet).

Die Gruppen berichten im Plenum kurz über die Ergebnisse ihrer Arbeit.

B. In Form von kurzen Zeitungsmeldungen, die provokativ und mit treffenden Schlagzeilen versehen sein sollen, verarbeiten Kleingruppen von 3–5 Personen die Perikope.
Die Wandzeitungen werden im Plenum aufgehängt und kurz kommentiert. Mit einem Hinweis auf V.17 können die Teilnehmer angeregt werden, sich mit einer der dort genannten Gruppen zu indentifizieren.

C. Wie nach der Heilung des Blindgeborenen (Jh 9,13–34) die Pharisäer eine Gerichtssitzung zur Untersuchung des Falles durchführen, könnte die Perikope in einer solchen Inszenierung aufgearbeitet werden.
1. Zunächst wird der Text im Plenum vorgelesen, wobei Fragen zum Verständnis geklärt werden. Dann bilden sich vier Kleingruppen, die eine Gerichtssitzung vorbereiten (30 Minuten).
2. Folgende Personen (-gruppen) sind den Arbeitskreisen zugeordnet:

a) die Frau und ihre Angehörigen
b) Jesus und seine Jünger
c) Zuschauer
d) Partei der Pharisäer

Für die Einstellung der Pharisäer ist ein Vergleich mit den Texten Mt 12,9–14; Lk 11,14–23; 14,1–6 sowie Mk 3,22–30 hilfreich. Auch Jh 9,13–34 kann herangezogen werden.
3. Die Gerichtssitzung wird im Plenum gespielt und diskutiert.

Schritt 2: Vertiefung des Textverständnisses

Der Leiter faßt nach den Gesprächen im Plenum in Form eines Kurzvortrages noch einmal die Feststellungen aus dem exegetischen Teil zusammen.

Schritt 3: Anwendung auf mein Leben

1. Falls das Thema »Wunder« noch nicht diskutiert wurde, wollen wahrscheinlich viele Teilnehmer diesen Fragekomplex behandeln. (Hierzu: A. Weiser, Was die Bibel Wunder nennt, Stuttgart 1975).
2. Glaube ich, daß Jesus auch mein Leben von Grund auf verändern kann? Was fesselt mich, läßt mich nicht frei sein für Gott? Was krümmt mich, daß ich nicht »aufrecht gehen« kann? Was muß ich tun, um geheilt zu werden?
3. Wirkt Christus auch heute noch »Wunder«? Was halte ich von den »Wunderzeichen« an den Gnadenstätten, bei Erweckungspredigten? Was heißt das, wenn eine gelähmte Frau auf der Heimfahrt von der Wunderquelle »Lourdes« im Liegewagen – immer noch gelähmt – sagt: »Ich bin zwar nicht körperlich geheilt, aber ich bin wunderbar verändert. Ich lehne mich nicht mehr gegen meine Krankheit auf«?
4. Ein Schüler fragte: »Warum wirkt Jesus heute keine Wunder mehr?« Will Christus durch die Kirche auch heute Wunderzeichen setzen? Wie könnte das aussehen? (Vgl. das Kreuz mit dem armlosen Korpus des Christus und der Umschrift: »Ich habe keine anderen Hände als Eure« in einer münsteraner Kirche.) Hierzu auch das untenstehende Zitat. Der Heilswille Gottes soll durch seine Kirche weiterwirken.
5. Gibt es auch heute noch Menschen in der Kirche, denen der Kult, das Sonntagsgebot in pedantischer Einhaltung der Vorschriften wichtiger ist als die Nächstenliebe? Wie kann starres Festhalten an Gesetzen zur Lieblosigkeit und Unmenschlichkeit werden?

Zitat

Wußten sie schon
daß die nähe eines menschen
gesund machen
krank machen
tot und lebendig machen kann
wußten sie schon
daß die nähe eines menschen
gut machen
böse machen
traurig und froh machen kann...

wußten sie schon
daß das zeithaben für einen menschen
mehr ist als geld
mehr als medikamente
unter umständen mehr
als eine geniale operation
wußten sie schon
daß das anhören eines menschen
wunder wirkt...

Entnommen aus: Wilhelm Willms, der geerdete himmel, Verlag Butzon & Bercker, Kevelaer, [4]1976

Not geht vor Gebot

Lukas 14,1–6

Die Episode von der Heilung des Wassersüchtigen erinnert stark an Mk 3,1–6 (par.Lk 6,6–11). Sie ist eine literarische Imitation der Markus-Vorlage und bietet ein gutes Beispiel dafür, daß der Evangelist in seinem Sondergut nicht nur unabhängige Einzelüberlieferungen verwertet, sondern selbst Erzählungen erfinden kann, wenn es seine Erzählabsicht erfordert. Die Geschichte selbst hat er seinem Rahmen 14,1–24 angepaßt. Er berichtet von Jesu Teilnahme an einem Symposion (Gastmahl) mit Pharisäern und Schriftgelehrten (V.1.7.15). Deren Fehlverhalten bietet Lukas die Chance, sie dreimal zu tadeln (V.2–6.8–11.16–24). Der Gastgeber (V.12–15) wird im Sinne der Feldpredigt aufgefordert, nicht Gleichgesinnte einzuladen, von denen man erwarten kann, daß sie eine Einladung mit einer Gegeneinladung beantworten (d. h. im Sinne des Prinzips der Gegenseitigkeit reagieren), sondern gerade jene zu bewirten, die sich nicht revanchieren können, nämlich die Armen, Lahmen und Blinden (vgl. 4,18f). Nur auf diese Weise sei ihm die göttliche Vergeltung bei der Auferstehung der Gerechten gewiß.

Durch den Einleitungsvers ist die Wunderepisode in die Gastmahlszene eingeordnet. Ein Wassersüchtiger findet – obwohl uneingeladen – Zugang zu dem Mahl und lenkt die Aufmerksamkeit aller auf sich (das ist nicht ungewöhnlich: vgl. Platon, Symposion 216c; 223b; Homer, Ilias II 408; Plutarch, Brutus 34). Die Pharisäer und Schriftgelehrten belauern Jesus, wie er sich in dieser Situation am Sabbat verhalten werde. Gemäß der Gattung des »Symposions« verlagert Lukas das Schwergewicht seiner Darstellung auf die Diskussion und läßt Jesus nach dem Erlaubtsein von Wunderheilungen am Sabbat fragen. Die anwesenden Gäste können bzw. wollen ihm nicht antworten. So heilt er den Wassersüchtigen. Danach begründet er seine Handlungsweise mit demselben Argument wie in 13,15. Diesmal betont er die Unverzüglichkeit des helfenden Eingreifens.

Damit setzt Lukas einen klaren Akzent: Auf dem Hintergrund des jüdischen Sabbatgebotes stellt er den Rigorismus der Barmherzigkeit Jesu dar. Jesu helfende Machttat wird eben nicht durch den Wortlaut des Gesetzes, sondern durch die Einsicht in die Notlage eines Menschen geregelt.

Dem souveränen Auftreten Jesu und seiner machtvollen Wundertat entsprechen die folgenden Reden Jesu. Das Fehlverhalten der Gäste beim Mahl wird dem nicht gerecht, was für die Gottesherrschaft bzw. bei der Auferstehung der Gerechten vorausgesetzt werden muß. Deshalb sieht sich auch der Gastgeber in der lk. Fassung des Gleichnises vom großen Mahl (V.15–24) gezwungen, die Zöllner und Sünder, Arme und Kranke aus Israel sowie die Heiden zu Tische zu laden. Das aktuelle Verhalten der Pharisäer und Schriftgelehrten als typischer Vertreter einer Scheingerechtigkeit führt zu ihrer eschatologischen Aus- und zur Einladung der Kranken, Armen, Sünder und Heiden zum Reiche Gottes, das in Jesu Heilandstätigkeit nach Lukas schon konstituiert ist. Lukas fügt also die typische Wunderszene (V.1–6) in sein Symposion Lk 14 ein, um nochmals eindringlich den Vorrang des wohltätigen Heilens bzw. der christlichen Tat vor dem Buchstaben des Gesetzes zu fordern.

Praxis

Thema: Von der Notwendigkeit, auch wichtige Ordnungen zu übertreten

Der Sabbat sei eines der Vermächtnisse der Juden an die Welt, schrieb Erich Fromm in seinem Buch »Haben und Sein«. Mit dem Sabbat haben die Juden ihre Katastrophen überlebt und sind auch ohne Heimat ein Volk geblieben. Das genügt, um Verständnis dafür aufzubringen, daß dieser Tag verteidigt wird, genauer, daß die Gebote verteidigt werden, die diesen einen Tag der Woche zum Sabbat machen. Jesus übertritt Sabbat-Gebote.

1. Im Plenum werden Sabbat-Übertretungen Jesu gesammelt. Wenn dieser Kreis zu groß ist, wird die Aufgabe an Gruppen gegeben und das Ergebnis der Gruppenarbeit im Plenum festgehalten.
2. Welche unserer Grundordnungen ist mit dem Sabbat vergleichbar bzw. hat für die Erhaltung unserer Identität vergleichbare Bedeutung? Antworten werden im Plenum gesammelt und aufgeschrieben.
3. Die Heilung des Wassersüchtigen geschieht im Haus eines führenden Pharisäers bei einem von Gesprächen begleiteten und unterbrochenen Mahl. Durch den Ort der Heilung und die Umstände erhält diese provokativen Charakter.

Aufgabe für die Gruppenarbeit: Wodurch und warum provoziert Jesus seinen Gastgeber und dessen Gäste? Die Aufforderung Jesu, mit ihm ins Gespräch einzusteigen, wird nicht angenommen. Welche Erwiderung werden die Pharisäer auf die Heilung und die Erklärung Jesu gehabt haben?

4. Nach der Sammlung der Berichte im Plenum versuchen wir die Szene zu spielen. Der Wassersüchtige betritt den Kreis, in dem der Gastgeber sitzt mit Jesus und weiteren Gästen. Die Aufforderung zum Gespräch über Bedeutung und Erfüllung des Sabbat-Gebots wird nicht angenommen, der Wassersüchtige geheilt; anschließend verläßt er den Kreis. Jesus versucht, mit dem Hinweis auf eine unumstrittene Handlungsweise (V.5) Verständnis für sein Handeln zu erwecken. Statt des Schweigens, von dem die Erzählung berichtet, beginnt ein Dialog. Jesus wird sagen, warum er den Wassersüchtigen geheilt hat, und seine Gesprächspartner werden darlegen, warum sie dagegen sind.
Durch das Spiel erleben Spieler und Zuschauer, wie weit Annäherung an die Situation der Erzählung gelingt. Sie lernen die unterschiedlichen Positionen zwischen Jesus und dem Gastgeber sowie dessen übrigen Gästen kennen. Dabei kann die Kraft der Argumente Jesu erfahren werden.
5. Nachdem die Spieler sich über ihr Spiel geäußert haben und Wahrnehmungen aus dem Kreis der Zuschauer ausgesprochen wurden, folgt ein Gruppengespräch.
Gesetze sind die Knochen der Gesellschaft. Gesetzeserweichung bedeutet Knochenerweichung. Jesus wurde als Gesetzeserweicher populär und verdächtig. Dies ist die Perspektive der anderen Seite. Seine Handlungsmotive sind bestimmt davon, was der (oder die), dem er begegnet, braucht. Entsteht aus solch einem Verhalten nicht ein Chaos?
In Gruppen wird diesen Überlegungen nachgegangen bis hin zu der Frage, ob die Chaoten unter oder neben uns nicht Jesus näher sind als die ordnungs- und amtsbewußten Pflichterfüller?

Bedenke, worauf du dich einläßt

Lukas 14,25–35

Mehrmals im Laufe seines Evangeliums läßt der Evangelist Jesus über die Konsequenzen der Jüngerschaft sprechen: 9,23–27; 9,57–62; 18,18–30. Die Nachfolgegespräche sind je zur Hälfte aus Markus und aus Q übernommen (9,23ff u. 18,18ff: Markus; 9,57ff u. 14,25f: Q). Schon die Vorlagen haben unterschiedliche Akzente gesetzt. Im Markusevangelium ruft Jesus in die Nachfolge. In der Redenquelle Q wenden sich die Menschen an Jesus, bereit ihm nachzufolgen. Im letzteren Fall tritt der Entschluß, ein Jünger Jesu zu werden, mehr in den Vordergrund als bei Markus, wo die Gnade, gerufen zu werden, akzentuiert wird.
Beide Ausformungen des Nachfolgegedankens hat Lukas übernommen und sie aufeinander einwirken lassen. Das wird beim Vergleich der Verse 26f mit Mt 10,37f deutlich. Lukas gibt darüber hinaus der Aussage dieser Verse durch die Situation, in die er sie stellt, eine neue Dimension. Bei Matthäus stehen sie im Rahmen der Aussendungsrede Jesu. Sie sind an die Jünger gerichtet. Das macht die abgeschwächte Formulierung verständlich: »Wer Vater und Mutter mehr liebt als mich, ist meiner nicht würdig.« Bei Lukas hingegen sind die Nachfolgeworte an das Volk gerichtet, das Jesus nach Jerusalem begleitet. Der durch den Tod in die Herrlichkeit Gehende (vgl. 9,51 mit 24,16) fordert die Menge auf, sich aus allen familiären Bindungen zu lösen, ja seiner selbst zu entsagen und in radikaler Nachfolge wie Jesus gehorsam das Kreuz (vgl. 23,26) zu nehmen.

Alte und neue Bindung

Der Adressatenwechsel ermöglicht dem Evangelisten, die Bedingungen der Nachfolge Jesu in einer Schroffheit zu stellen, die das Volk eher abstoßen als zur Jüngerschaft einladen muß. Um ein Jesusjünger zu werden, soll man mit allen menschlich-familiären Bindungen brechen, nicht nur von seinem Besitz sich lösen (V.33), sondern sich selbst verleugnen. Ein Jünger ist man vor allem nur so lange, wie man entschlossen ist, selbst das Kreuz zu tragen. Jesus verlangt in der lk. Fassung nicht weniger als das Zerbrechen des sozialen Geflechts, das den Menschen seit seiner Kindheit getragen hat. Jesus gleicht diesen radikalen Verlust mit dem Hinweis auf die neue Bindung aus, die ein Jünger mit ihm eingehen kann.

Sie befähigt ihn, gutes Salz zu sein, das seine ihm gestellte Aufgabe auch voll erfüllt (V.34f).

Keine Übereilung!

Aber den indirekt angedeuteten Gewinn hat Lukas noch so schroff formuliert, daß der Unterschied zwischen Verlust und Gewinn nicht seine eigentliche Aussageabsicht sein kann. Am ehesten verraten die beiden Gleichnisse V.28–32 sie. Traditionsgeschichtlich gesehen hat es mit ihnen eine besondere Bewandtnis. Obwohl sie zwei verschiedene Wirklichkeiten zur Sprache bringen – einmal die eines voreiligen Bauherrn, zum anderen die einer militärischen Lagebesprechung vor Beginn eines Krieges – sind sie hier der gemeinsamen Aussage wegen zusammengestellt. Erkennbar ist der beiden Kurzgeschichten gemeinsame Vergleichspunkt: Man soll sich – so lehrt die Erfahrung – nicht unbesonnen in ein mögliches Abenteuer einlassen, sondern die Bedingungen vorher (»zuerst«: V.28 und 31) genau kalkulieren, bevor man sich für eine Sache entscheidet.

Ein solch vernünftiger Rat hat seine Parallelen in der hellenistischen Literatur (vgl. Philo, Abr. 105; Epiktet III. 15,10–12). Eine auffällige Verwandtschaft mit dem zweiten Gleichnis hat ein Text bei Xenophon (Memorabilien III,6.8):
»'Wer also – so setzte er das Gespräch fort – überlegen will, gegen wen er Krieg führen soll, der muß die Kraft des eigenen Staates und die der Gegner genau kennen, um zum Kriege zu raten, wenn der Staat überlegen ist, oder aber zur Vorsicht zu mahnen, wenn er schwächer als der Gegner ist.' 'Ganz recht', erwiderte jener. 'So nenne uns zuerst – fuhr er fort – die Stärke der Land- und Seestreitkräfte des Staates und dann die der Gegner...'«

Die Parallelität der Aussage und die Entnahme des Bildmaterials aus Wirklichkeiten, die dem historischen Jesus – soweit man das ihm eigene Bildmaterial aus seinen Gleichnissen entnehmen kann – doch in gewisser Weise fern zu liegen scheinen, lassen Skepsis angeraten erscheinen, ob diese Gleichnisse auf ihn zurückgehen. Eher sind sie dem Redaktor bzw. seiner Gemeinde zuzuweisen. Sie sind auf die Argumentation angelegt: Das Volk soll die harten Bedingungen der Jüngerschaft kennen, um selbst entscheiden zu können, ob man Jesus nachfolgen kann. Die Durchführung des Entschlusses nämlich, Jünger zu werden, erfordert umfassende Opfer. Das muß sich jeder vorher in Ruhe klarmachen.

Du kannst nicht mehr zurück

Für den christlichen Leser aber zur Zeit des Evangelisten gewinnt die

Aussage eine weitere Nuance hinzu. Er hat sich, obwohl ihn Jesus über die Konsequenzen der Jüngerschaft von vornherein nicht im Unklaren gelassen hat, in die Nachfolge begeben. Nun, wo er auf all das verzichten muß und ihn die volle Härte der Jüngerschaft trifft, wäre er einem Bauherrn gleich, der sich nicht vorher überlegt hat, was er tut, würde er aus der Nachfolge ausscheiden wollen. Ein Christ, der mit einem solchen Gedanken spielt, ist ein Abenteurer und Spekulant. Er wußte ja, auf was er sich eingelassen hatte. Nun hat er seine Aufgabe, Salz der Erde zu sein, gehorsam zu erfüllen, will er nicht auf den Kehricht der Heilsgeschichte (V.34f) geworfen werden.

Praxis

Vorschlag A: Nachfolge, etwas für alle?

Es geht in diesem Text um Nachfolge als Fortsetzung dessen, was Jesus begonnen hat. Jesus hat Personen zur Nachfolge aufgefordert, und es haben sich Personen an ihn gewandt, zur Nachfolge bereit. Wie es auch geschah, Jesus hat Forderungen an die Nachfolger gestellt. Forderungen klingen wie Gesetze. Nachfolge Jesu, abhängig gemacht von Forderungen; steht das nicht im Gegensatz dazu, daß allein Vertrauen zu ihm, basierend auf der Erfahrung, angenommen zu sein und gebraucht zu werden, wie ich bin, Nachfolge möglich macht? Bei der Berufung Natanaëls heißt es einfach: »Komm und sieh!« (Jh 1,46). Jesus selbst sprach von einem leichten Joch (Mt 11,29).

1. In Gruppengesprächen wird über diese Frage nachgedacht. V.26 kann als die härteste Forderung angesehen werden, die Jesus an die Nachfolger gestellt hat. In anderen Übersetzungen ist statt »gering achten« zu lesen »hassen«. Verletzt diese Forderung nicht das 4. Gebot?

2. Zwei Filme folgen dieser Spur: »Mutter Theresa« und »Meine Pfarre ist die Straße«. Beide zeigen Nachfolge in der Gegenwart.

In einem zweiten Gruppengespräch wird bewußt gemacht, wie ich den gezeigten Film erlebt habe, woran er mich erinnert, welche Fragen er mir stellt, was ich auf mich beziehen und übernehmen kann?

3. Auffallend ist, daß die Sätze zur Nachfolge hier an viele Menschen gerichtet sind, in Mt 10,37f dagegen nur an die Jünger und inhaltlich abgeschwächt. Wie ist das zu verstehen? Die beiden Gleichnisse V.28–32 können bei der Klärung der Aussageabsicht nicht übergan-

gen werden. Sie sprechen die Vernunft an, ihre Fähigkeit, abzuschätzen und abzuwägen. Soll das heißen, Nachfolge muß sehr überlegt werden, Nachfolge ist nichts für alle? Wer kann schon alle seine sozialen Bindungen lösen? Oder sich von seinem Besitz und damit allen materiellen Sicherungen trennen?
Es stellt sich die Frage nach dem Ziel der Verkündigung, der Mission schlechthin. Ist es das, Nachfolger zu machen? Oder nur Hörer des Wortes, die auf die Barmherzigkeit Gottes vertrauen? Eine Trennung zwischen Nachfolgern im Sinne der Nachfolgesprüche – das werden dann nur sehr wenige sein – und Vertrauenden, die aber nicht herauskommen aus ihren inneren und äußeren Bindungen, würde helfen, bei der Beschreibung der kirchlichen Wirklichkeit Übertreibungen in der Zielsetzung und in der Bilanzierung des kirchlichen Handelns einzuschränken.
In Gruppengesprächen wird eine Verbindung zwischen den radikalen Nachfolgeforderungen und der Ermahnung zur Berücksichtigung der Fakten (für den Turmbau vorhandene Mittel, für den Feldzug bereitstehende Soldaten) gesucht.

Vorschlag B: Die Freiheit geht aller Nachfolge voraus

1. Wir lassen aus der Proklamation der Nachfolgebedingungen (V.26 und 27) einen Dialog werden zwischen Jesus und einer Zuhörerin. Daran knüpft sich ein Gruppengespräch darüber, welche Empfindungen und Einsichten der Dialog gebracht hat.
2. Nach den Berichten ans Plenum wird das Dia Nr. 13 gezeigt aus der Reihe »Zeit zu leben«: »Gibt es ein Leben vor dem Tod?« Es wird über Freiheitserfahrungen gesprochen, die sich nach Trennungen von Menschen, Gütern, Privilegien ergaben.
3. Als Film kann zum Schluß gezeigt werden »Aufenthalt im Marschland«. Er gibt Anstöße zur Marschlandsuche und zum Marschlandverhalten – im eigenen Wohnquadrat und darüber hinaus, so weit die Füße tragen.

Die grenzenlose Freude des Vaters

Lukas 15,11–32

Der Zusammenhang

Mit Kapitel 15 greift der Evangelist ein Thema auf, dem seine besondere Vorliebe gilt: die Rettung der Verlorenen (vgl. 5,27ff; 7,36ff; 19,10). In bewußter Anlehnung an 5,29f ruft Lukas die Kritik der Pharisäer und Schriftgelehrten an Jesu Verhalten Zöllnern und Sündern gegenüber ins Gedächtnis zurück (V. 1–3). Mit Hilfe von drei Gleichnissen soll dieses Problem für die Jünger bzw. für die Leser noch einmal beleuchtet werden.

Lukas übernimmt das erste Gleichnis aus Q, bearbeitet es aber insofern, als er im Sinne des von ihm geschaffenen Rahmens die Identität des Verlorenen mit dem »Sünder« unterstreicht. Die beiden nächsten Gleichnisse entstammen seinem Sondergut. Dabei wiederholt und verstärkt das zweite (V.8–10) die Pointe des ersten Gleichnisses, um auf diese Weise die umfassende Darstellung des Problems im dritten Gleichnis vorzubereiten. Denn der reumütige Sünder, der umkehrt, kommt in den beiden ersten Gleichnissen nur in der Anwendung (V.7 und 10) vor. Aber in der Beispielerzählung von der Freude des Vaters über die Rückkehr des verlorenen Sohnes (V.11–32) nimmt der umkehrwillige Sünder in der Gleichnishandlung selbst konkrete Gestalt an. Die Opposition der »Gerechten« repräsentiert der mißgünstige ältere Bruder (V.25–32).

Doch beschließt der Evangelist seine Komposition nicht mit Kap. 15, sondern fährt mit weiteren Gleichnissen aus seinem Sondergut im nächsten Kapitel fort, die nun nicht mehr den Sünder in den Mittelpunkt stellen, sondern anhand eines bestimmten negativen Pharisäerbildes die Gefahren des Reichtums für die Jünger herausstellen. Von der Freude Gottes über jeden wiedergefundenen Verlorenen auf das Thema der Gefahren des Reichtums zu kommen, ist für die lk. Gedankenwelt nicht überraschend. Da der Reiche in dieser Welt alles besitzt, hat er in der anderen nichts zu erwarten (vgl. 6,24 mit 16,19ff). Der Reichtum aber gilt dem Evangelisten als die typische Gefahr, die seiner Gemeinde droht. Aber nach Lk 15 ist Umkehr weiterhin möglich. Der Evangelist verbindet so die Bekehrungsforderung mit konkreten Weisungen für das Verhältnis des Christen zu Besitz und Reichtum (16,10–13). Nur so kann er gewiß sein, daß ihn nicht das Schicksal des Reichen ereilt, sondern daß er wie Lazarus ewig in der Nähe Gottes verbleibt.

Eine Umkehrgeschichte

Während in den beiden ersten Gleichnissen (vom verlorenen Schaf und verlorenen Groschen) der Gedanke der Umkehr von Lukas sekundär und ohne Entsprechung in der Bildhälfte eingeführt ist (V.7 und 10), ist die Umkehr im dritten Gleichnis der Drehpunkt der gesamten Gleichnishandlung. Nicht zu Unrecht ist dieses Gleichnis eine Perle unter den synoptischen genannt worden. Nicht nur thematisch, sondern auch erzählerisch bildet es den Höhepunkt der Gleichniskomposition in Kap. 15. Dem Erzähler gelingt es auf unnachahmliche Weise, alle bislang gewonnenen Aspekte in einer »Fallstudie« zu integrieren. Bislang war die Lehre von der Freude Gottes über jeden einzelnen Sünder, der zu ihm umkehrt, nur in den jeweiligen Anwendungen (V. 7.10) zu den Gleichnissen zu Wort gekommen. Um nun eine Bekehrung, und zwar insbesondere die Verstrickung in die Macht der Sünde, die Umkehr, die Freude Gottes über die Heimkehr und die Reaktion der Gerechten auf diese Freude, noch mit aller Ausführlichkeit und erzählerischer Plastizität zu veranschaulichen, fügt der Evangelist dieses dritte Gleichnis an. Die Rolle des Verlorenen übernimmt der jüngere Sohn, der in der Fremde aus eigener Schuld unter die Räder kommt, bereut und zu seinem Vater zurückkehrt. Der mißgünstige ältere Sohn spielt den Part der Pharisäer und Schriftgelehrten, die über die Handlungsweise des Vaters bzw. Jesu murren sowie ein leistungsgerechtes Urteil einklagen wollen.
Einige Schwierigkeiten bereitet den Auslegern die Bestimmung des Rechtsgeschäftes, das die Ausgangssituation voraussetzt.

Von einer Schenkung bzw. einer Abfindung des jüngeren Sohnes seitens des Vaters scheint nicht die Rede zu sein. Auch eine Ausstoßung bzw. Abtrennung von der Familie ist nicht impliziert. Ebenfalls ist eine vorzeitige Erbteilung auszuschließen, da in all diesen Fällen der ältere Sohn in das Rechtsgeschäft miteinbezogen wäre. Davon ist aber in V. 25ff keine Rede. Das Rechtsgeschäft betraf offensichtlich nur den jüngeren Sohn, der ausgezahlt wurde, um sich in der Fremde selbständig zu machen. Der jüngere strebt also eine vermögensrechtliche Verselbständigung an. Dieser Fall entspricht ungefähr dem, was das germanische Recht »Abschichtung« nennt. Eine »Abschichtung« war auch damals schon bekannt (vgl. Sir 33,20–24; Tob 8,21; Mischna BB 7,7; Tos.BB 2,5; bBB 47a).

Es lag also kein unlauteres Verlangen seitens des Sohnes vor, vom Vater den ihm zustehenden Vermögensanteil (vgl. Dtn 21,17) zu verlangen. Von einer Verselbständigung des Haushaltes mußte immer dann in einer Großfamilie geredet werden, wenn der jüngere Sohn – z. B. durch Heirat – seinen eigenen Lebensunterhalt abgelöst von der Familie verdienen mußte und dazu Startkapital benötigte. So hat auch der Erzähler den Fall

verstanden, da er ohne irgendeinen negativen Nebengeschmack den Sohn »bitten« läßt: »Vater, gib mir meinen Anteil am familiären Gesamtvermögen« (V.12).
Auch daß der Sohn bald seinen ausgezahlten Vermögensanteil nimmt und fortzieht, ist in keiner Weise anstößig, sondern vollzieht nur die angestrebte Ablösung vom Elternhaus. Erst die Information V.13b, der Sohn habe in der Fremde sein Vermögen verschleudert, weil er einen »zügellosen« Lebenswandel führte, macht die folgenden Ausführungen über die sukzessive Verelendung verständlich. Sie treibt ihn soweit bachab, daß er schon mit einem Schweinefraß zufrieden wäre. In dieser ausweglosen Situation geht er in sich. In einem Selbstgespräch macht er sich seine Lage klar. Er beschließt, seinen Vater zu bitten, ihn als Saisonarbeiter (also nicht einmal als Haussklaven, der sozial abgesichert zur Familie gehörte) anzustellen.

Eine bis zu diesem Punkt ähnliche Situation schildert ein Brief auf Papyrus aus dem ägyptischen Faijum. Dort schreibt im 2. Jh. n. Chr. ein »verlorener Sohn« Antonius Longos an seine Mutter Neilus: »Ich habe mich geschämt nach Karanis zu kommen, weil ich schäbig einhergehe. Ich schreibe dir, daß ich nackt bin. Ich flehe dich an, versöhne dich mit mir. Im übrigen weiß ich, was ich mir alles zugezogen habe. Gezüchtigt bin ich gehörig. Ich weiß, ich habe gesündigt.«

Als der Sohn seinen Entschluß in die Tat umsetzt und sich schon dem Vaterhaus nähert, sieht ihn sein Vater, eilt ihm entgegen – und bevor er seine Bitte, demütig wie er geworden ist, vorbringen kann, umarmt und küßt ihn der Vater aus Erbarmen (V.20). Er läßt ihn nicht einmal ganz aussprechen, sondern setzt ihn ohne Zögern in seine Kinderrechte wieder ein, indem er ihm das einem Kind eines freien Bürgers zustehende Obergewand, Ring und Sandalen geben läßt. Doch damit gibt sich der Vater noch nicht zufrieden, sondern er befiehlt seinen Haussklaven, dem heimgekehrten Sohn ein Fest zu bereiten. Die Heimkehr selbst definiert der Vater bzw. der Erzähler als »Lebendig-werden« und die Zeit davor als einen todesähnlichen Zustand. Diese formelhafte Wendung (vgl. V.32b) erinnert an Bekehrungsaussagen in Jh 5,25; Kol 2,13; Eph 2,5; 5,14, die aus jüdischen Bekehrungswendungen (vgl. JosAs 49,18ff) abgeleitet zu sein scheinen. Mit ihrer Hilfe umschreibt der Erzähler den in den vorhergehenden Gleichnissen verwendeten Begriff der Umkehr (vgl. V.7 und 10) und definiert ihn als Bekehrung.

Der daheimgebliebene Sohn

Bislang war der ältere Sohn nur zu Beginn indirekt erwähnt worden. Nun tritt er in die Handlung ein. Als er von der Feldarbeit heimkehrt und ihm die Klänge des Festes entgegenschallen, fragt er einen der Diener, was der Anlaß zu dem Fest sei. Verständlicherweise zürnt er, weil er als Haussohn zwar seinen Erbanteil schon zugesprochen bekommen hat (V. 12); aber der Vater hat ihm offensichtlich das Vermögen noch nicht übertragen, so daß der Vater noch alle Verfügungsgewalt darüber besitzt. Konsequent weigert er sich, am Fest teilzunehmen, so daß der Vater gezwungen ist, zu ihm hinauszugehen, um ihn zu bitten. Doch der Sohn macht ihm draußen Vorhaltungen. Dabei stellt er sich (im Kontrast zu seinem Bruder, dessen Namen er nicht mehr in den Mund nimmt) in das beste Licht. Doch der Vater geht vornehm auf die Vorwürfe nicht ein. Nur den indirekten Tadel, der Vater habe ihm, der doch in allem zu dessen Zufriedenheit gehandelt habe, etwas vorenthalten, weist der Vater mit dem Hinweis zurück, sein Besitz gehöre ihnen beiden gemeinsam. Aber dies alles – so deutet der Schlußvers an – sei kein Anlaß, an dem Fest nicht teilzunehmen. V.32 stellt unüberhörbar dar, was die Devise eines solchen Augenblickes sein muß: Bedingungslose Freude über die Heimkehr des Verlorenen.

Auf diese Weise stellt der Evangelist, selbst wenn er das Gleichnis unverändert übernommen haben sollte (was wenig wahrscheinlich ist) klar, wie er die drei Gleichnisse in Kap. 15 verstanden wissen will: Die Heimkehr jedes einzelnen Verlorenen bereitet im Himmel große Freude, weil der Bekehrte aus einem Todeszustand in ein neues Leben hineintritt, das von der zuvorkommenden Gnade Gottes gestiftet und getragen wird. Deshalb kann Lukas Umkehr wie Sündenvergebung auch als Geschenk bezeichnen (Apg 5,31; 11,18; 10,43; 26,18); Jesus schenkt nämlich den Sündern seine Gemeinschaft. Aus diesem Grund »murren« die Pharisäer gegen ihn. An dem Kontrast zwischen Jesu (bzw. im Gleichnis: Gottes) Verhalten und der daran geübten Kritik verdeutlicht Lukas, daß ein etwaiger Vorwurf der Werkgerechtigkeit ihn nicht trifft. Nur der daheimgebliebene Sohn legt den Maßstab der Ausgewogenheit und der Leistung an, und er wird vom Vater abgewiesen.

Obwohl die Gleichnisse in der lk. Fiktion an die Pharisäer und Schriftgelehrten gerichtet sind, muß im Rahmen des »Reiseberichtes« erwogen werden, was sie der lk. Gemeinde sagen sollen. Sie erinnern sie an ihre eigene Bekehrung und an die Freude, die deswegen im Himmel herrscht. Gleichzeitig aber deutet die Opposition der Pharisäer und Schriftgelehrten dem Bekehrungsbemühen Jesu gegenüber an, daß die Bekehrung noch so lange Gefahren ausgesetzt ist, bis jeder einzelne Christ seine endgültige Heimstatt bei Gott gefunden hat. Vor einer solchen Gefahr – dem Reichtum – wird in der Fortsetzung Kap. 16 in zwei Gleichnissen die lk. Gemeinde gewarnt.

Praxis

Vorschlag A: Wenn ich dieser Vater wäre:..

1. Zu den im Gleichnis vorkommenden Personen(gruppen) werden Gruppen gebildet: Vater, jüngerer Sohn, älterer Sohn, Arbeiter im Haus des Vaters (Nachbarn, Verwandte). Alle Gruppenmitglieder bekommen ein DIN A4-Blatt im Querformat mit der Bitte, auf dem Bogen Gedanken aufzuschreiben, die ihnen für diese Person einfallen, links die nach ihrer Meinung dem Gleichnis entsprechenden, rechts, wie es auch anders sein könnte oder nach ihrer Meinung sein soll. Auf dem Blatt sind 1–2 solcher Sätze als Beispiele vorgegeben, z. B.:

Vater	Wenn er sich überwunden hat, nach Hause zu kommen, wird er wohl seinen Fehler eingesehen haben; also Schwamm drüber. Die anderen werden dafür wohl kaum Verständnis haben, wenn ich ihn so ohne weiteres wieder aufnehme; aber ich freue mich einfach, daß er wiedergekommen ist. Vielleicht war ich auch schuld daran, daß er weg wollte...
Jüngerer Sohn	Wenn mir mein Vater damals doch das Geld nicht gegeben hätte, dann müßte ich jetzt nicht so um Gnade betteln. Hoffentlich komme ich mit der Zeit auch wieder mit meinem Bruder besser aus, ich verstehe ja, daß er mich verurteilt.
Älterer Sohn	Soll jetzt das Erbe nochmal geteilt werden? Vielleicht fällt ihm dann eines Tages noch einmal ein, es hier unerträglich zu finden... Ob er wieder in die Arbeit reinkommt? Es hat sich doch manches geändert. Ja, wenn er jetzt wirklich zur Einsicht gekommen ist, will ich ihm auch eine Chance geben...
Arbeiter	Wenn einer von uns seinen Platz hier aufgeben und woanders arbeiten und dann wieder hier ankommen wollte, müßte er sicher ganz unten anfangen, und der Verwalter würde es ihn spüren lassen.
Nachbarn, Verwandte	Da sieht man jetzt, was aus dem geworden ist... Das ist Sache des Alten, wie er das macht, da mische ich mich nicht ein. Aber ich denke mir natürlich mein Teil...

In den Untergruppen werden dann die aufgeschriebenen Gedanken vorgelesen; dabei kann sich jeder auch die Gedanken der anderen auf sein Blatt schreiben. Falls sehr viel zusammenkommt und Doppelungen dabei sind, muß ausgewählt werden, was dem Plenum vorgetragen werden soll.

2. Im Plenum wird (langsam) abwechselnd von Vertretern der Gruppe jeweils ein Gedanke vorgelesen, entweder reihum und der Reihenfolge nach wie sie auf dem Blatt stehen oder wie sie den Gruppenmitgliedern zu den jeweils vorher vorgelesenen Gedanken zu passen scheinen, zuerst die vom Gleichnis abweichenden (rechts stehenden), dann die dem Gleichnis entsprechenden. Bei welchen Personen(gruppen) haben sich die größten Unterschiede ergeben? Auf welcher Seite wurde mehr geschrieben?
3. Die Arbeit in den Untergruppen kann auch der Vorbereitung eines Rollenspiels dienen, für das ein bestimmter Zeitpunkt vorgeschlagen wird, z. B. das Gespräch, in dem der jüngere Sohn den Vater um die Auszahlung seines Erbes bittet, oder einige Zeit nach der Heimkehr. (Hierzu kann die Geschichte von André Gide, Die Rückkehr des verlorenen Sohnes, Insel Verlag, herangezogen werden, in der die Heimkehr als Schwäche empfunden wird; vgl. W. Wanner, Werkbuch Gleichnisse, Brunnen-Verlag Gießen, 1977).

Vorschlag B: Und die Moral von der Geschichte...?

1. Nachdem der Text vorgelesen wurde, erhalten die Teilnehmer ein Blatt, auf dem einige zusammenfassende Meinungen zum Gleichnis geschrieben sind. Jeder Teilnehmer soll sie durchlesen und zunächst für sich ankreuzen, welche er für zutreffend hält (oder selbst eine Stellungnahme formulieren), und sich dann mit 1–2 Teilnehmern aus seiner Gruppe darüber unterhalten. Dann wird festgestellt, ob es in der Untergruppe eine Übereinstimmung gibt. Bei Tagungen kann das Ergebnis ausgezählt und den anderen Teilnehmern durch Plakat oder Vervielfältigung zugänglich gemacht werden.
Beispiele für zusammenfassende Meinungen zum Gleichnis vom Verlorenen Sohn:

- ○ Das Gleichnis soll Mut dazu machen, Fehler zuzugeben und sich zu ändern.
- ○ Die Geschichte soll zeigen, daß man gerade nach einer Entfernung von Gott wieder zum Glauben kommen kann.
- ○ Hier wird ein Idealbild gezeichnet, das die Richtung angibt: Vergebung, Neuanfang. Man darf hier nicht nach Einzelheiten fragen...
- ○ Der Vater soll für uns Vorbild sein.
- ○ Das Gleichnis soll den Anständigen und »Normalen« eine Lektion erteilen, die den Abweichlern nicht entgegenkommen wollen.
- ○ Ein gutes Beispiel für das, was man heute »Resozialisierung« nennt.
- ○ Das kann mal die Ausnahme sein, aber nicht die Regel.
- ○ Die Geschichte ist schön, aber höchst unwahrscheinlich: Nicht nur der Va-

ter, sondern auch der jüngere Sohn würde es in Wirklichkeit ganz anders machen.

○ Der Teufel steckt im Detail: Er nimmt ihn zwar auf, aber dann kommen doch irgendwann die Vorwürfe und Probleme.

○ Vielleicht wäre das Verhältnis zwischen den Generationen besser, wenn die Kinder bei den Eltern mehr Entgegenkommen finden und erwarten könnten.

○ Das Gleichnis will nur sagen, wie gütig Gott ist; für uns kann das nur bedeuten, daß wir unser Urteil über andere auch überprüfen.

○ Das ganze hätte anders laufen können, wenn der Vater schon vorher *beide* etwas großzügiger behandelt hätte.

○ ....

○ ....

2. Eine andere Gruppe kann versuchen, Überschriften für das Gleichnis bzw. für einzelne Abschnitte zu finden.
3. Im Plenum werden die Ergebnisse vorgetragen. Wenn Zeit und Interesse dafür vorhanden sind und die Gruppe nicht zu groß ist, kann zu den in den Gruppen ausgewählten Thesen bzw. Überschriften ein Meinungsbild ermittelt werden. Damit nicht zuviel zur Abstimmung gestellt wird, können einzelne Teilnehmer je nach eigenem Interesse nach der Meinung oder Zustimmung der anderen zu ausgewählten Thesen bzw. Überschriften fragen. Dabei wird sich meist auch ein Gespräch über Formulierungen ergeben, das aber nicht allzulange ausgedehnt werden sollte.

Vorschlag C: Fallbesprechung

1. Folgender Fall wird den Teilnehmern auf einem Blatt vorgelegt:

Gudrun ist 20 Jahre alt und wohnt mit ihrem Bruder Kurt (17) und ihrer Schwester Ruth (15) im Einfamilienhaus ihrer Eltern. In einem halben Jahr geht eine kaufmännische Ausbildung zuende; anschließend will sie noch Rechtswissenschaft studieren. Die Eltern sind beide berufstätig und haben für das Studium der Kinder gespart. Jedes der Kinder hat ein eigenes Zimmer. Gudrun will nun gerne mit ihrem Freund zusammenziehen, der auch Jurastudent ist. Die Mehrkosten für die Miete hofft sie durch Nebenverdienste aufzubringen. Als es doch knapp wird, verlangt sie den Rest des für ihr Studium bereitgestellten Geldes, um es selbst einzuteilen.
Nach Abschluß seines Studiums zieht der Freund aus der gemeinsamen Wohnung aus. Gudrun allein kann die Miete nicht bezahlen und möchte nun wieder bei den Eltern wohnen, um von hier aus ihr Studium zu beenden. Die als Lehrer tätigen Eltern müßten nun wieder auf das Arbeitszimmer verzichten, das sie sich in dem früher von Gudrun bewohnten Raum eingerichtet haben.
(Ein kürzerer Fall findet sich in Praktische Bibelarbeit heute, S. 66: Nach heftigem Streit in der Familie und dem Auszug des Sohnes aus der Wohnung,

der gegen den Willen der Eltern erfolgt, bittet der Sohn nach vier Monaten, wieder nach Hause kommen zu dürfen. Er ist inzwischen 18 Jahre alt geworden).

2. Folgende Fragen können in den Untergruppen bedacht und beantwortet werden:

- Wie sollen sich die Eltern nach Ihrer Meinung verhalten?
- Was sagen die Geschwister?
- Würde es einen Unterschied machen, wenn Gudrun mehr »Erfolg« gehabt hätte? (Heirat mit dem Freund, berufliche Selbständigkeit und Karriere.)

3. Wenn wenig Zeit zur Verfügung steht, können nachstehende Beispiele auf ein Blatt geschrieben und den Gruppen mitgegeben werden. Mit verschiedenen Farbstiften können die Teilnehmer »gut«, »akzeptabel« und »unmöglich« anstreichen.
Mögliche Überlegungen der Eltern:

- Gern tun wir es nicht, aber wir fühlen uns dazu verpflichtet.
- Du wolltest es ja so haben und warst alt genug zu entscheiden.
- Wenn sie etwas aus der Erfahrung gelernt hat, war es wenigstens nicht umsonst.
- Lieber geben wir dir einen Zuschuß zur Miete, als dich jetzt nach so langer Zeit wieder aufzunehmen.
- Wenigstens hat sie nicht auch noch ein Kind von ihm, da läßt es sich noch machen, sie wieder aufzunehmen.
- Da gibt es für uns keine Überlegungen, das ist doch klar: Wir sind immer für unsere Kinder da.
- Es wäre ungerecht gegenüber Kurt und Ruth, Gudrun mehr zukommen zu lassen.
- Es ist auf jeden Fall besser, den Kindern schon früher zu geben, was sie später doch bekommen, ganz gleich, was sie damit machen.
- Wir nehmen sie wieder auf, sonst bricht sie noch das Studium ab, und wir hören später die Vorwürfe.
- Schön, daß wir in Gudrun wieder einen interessanten Gesprächspartner mehr in der Familie haben.
- Hätte sie es nicht gleich so machen können wie die anderen Kinder, die auch studieren und zuhause wohnen, das kommt uns viel billiger.
- Wenn sie in einer wirklichen Notlage wäre, würden wir sie sofort aufnehmen, aber sie könnte sich ja die Miete mit einer anderen Studentin teilen.
- Sie hat ihren Freund in letzter Zeit wirklich schlecht behandelt und ist somit selbst schuld, daß sie jetzt allein steht, damit muß sie jetzt fertig werden.
- Sie braucht gerade jetzt wieder den Schutz der Familie, wer weiß, wo sie sonst noch landet.
- Das wird immer mehr üblich, daß sich Kinder eben früher von zuhause lösen. Das hat Vor- und Nachteile. Wenn es schief geht, sollte man keinem einen Vorwurf daraus machen, aber auch keine große Liebesaktion, sondern die Sache praktisch und vernünftig regeln.
- Wenn sie sich an der Mehrarbeit im Haushalt beteiligt, kann sie kommen.

Vorschlag D: Verswahl

Zur Methode vgl. Erl/Gaiser, Neue Methoden der Bibelarbeit, S. 112 (mit einem ausgeführten Beispiel). Nachdem die Gruppe(n) sich mit dem Text beschäftigt hat/haben (evtl. auch arbeitsteilig), werden knappe Inhaltsangaben der Verse formuliert, also etwa:

11/12	Der jüngere Sohn verlangt sein Erbgut
13	Der jüngere Sohn verpraßt sein Erbgut
14	Wegen Verarmung und Teuerung hungert der Sohn
17	Der Sohn überdenkt seine Lage
18/19	Der Sohn faßt gute Vorsätze
20a	Der Sohn verwirklicht seine Vorsätze
20b	Der Vater kommt dem Sohn entgegen usw.

Nun hat jeder Teilnehmer in mehreren Wahlgängen jeweils eine Stimme, die er (offen durch Handaufheben oder schriftlich-geheim) für den Vers abgibt, den er am wichtigsten findet.
Erl/Gaiser berichten von einem Versuch, bei dem die meisten Striche am Rand all der Verse standen, deren Subjekt der Vater war (28b, 20b, 22, 31/32). Die nächsthöhere Stimmenzahl hatte der Vers 21 bekommen: Der Sohn bekennt seine Schuld. Es fiel auch auf, daß einige Verse wohl zu wenig Beachtung gefunden hatten, z. B. 11/12: Der jüngere Sohn verlangt sein Erbgut.

Vorschlag E: Vergleich der drei Gleichnisse in Lukas 15

Worin stimmen die drei Gleichnisse überein? Wo liegen die Unterschiede, Besonderheiten?
a) Für den Vergleich der drei Gleichnisse können angefangene Sätze oder Fragen vorgegeben werden, z. B.:

- Besonders gut gefällt mir...
- Weniger gut finde ich...
- »Verloren« könnte heute heißen...

b) Etwas spannender wird es, wenn die drei Gleichnisse auf drei Gruppen verteilt werden und jede Gruppe sich darauf vorbereitet, gegenüber den anderen die Vorzüge und Besonderheiten ihres Gleichnisses hervorzuheben und zu vertreten. Auch die von den anderen Gruppen zu erwartende Kritik sollte im voraus bedacht werden.
Um das Wesentliche der drei Gleichnisse herauszuarbeiten kann zunächst danach gefragt werden, was ausgeklammert bleibt, z. B.:

- die Schuldfrage (beim Hirten mangelnde Wachsamkeit, bei der Hausfrau Schlamperei)
- die Kalkulation: Lohnt sich der Aufwand?
- das Verhalten: Wozu ein Fest? Macht das die Schlamperei nicht erst den anderen bekannt? Warum geht der Hirte mit dem Schaf nach Hause und nicht zur Herde zurück?

All dies spielt für den Erzähler der Gleichnisse offenbar keine Rolle. Der Sinn der Gleichnisse ist demnach........
Die Gruppen versuchen zu formulieren. Ein Beispiel zur Vorgabe: Der Verlust einer Sache oder eines Menschen steigert das Wertbewußtsein. Oder: Wir sollen uns mehr den Gefährdeten und Notleidenden zuwenden als den Etablierten.

Wohin mit dem gefährlichen Mammon?

Lukas 16,1–13

Mit 16,1 wechselt der Evangelist den Adressaten. Das Gleichnis vom ungerechten Haushalter ist an die Jünger gerichtet. Doch geht aus 16,14 hervor, daß die als geldgierig charakterisierten Pharisäer das an die Jünger gerichtete Gleichnis mitgehört haben. Sie sehen die Aussage Jesu über den Reichtum als unrealistisch an, da das von Jesus geforderte Verhalten zum Besitz dem Ansehen eines Menschen bei seinen Mitmenschen abträglich ist. Der »pharisäische« Menschentyp strebt nämlich in den Augen Jesu danach, sich bei seinen Mitmenschen »lieb-Kind« zu machen (vgl. 6,24 mit 6,26). Doch der Verhaltenskodex unter den Menschen dieser Welt hat in den Augen Gottes keinen Bestand. In seinem Reich werden die »pharisäischen« Werte umgekehrt und zerbrochen (vgl. 14,7–11.15–24). Auf diese Weise liest sich das Gleichnis vom reichen Mann und armen Lazarus (16,19–31) als ein nachträglicher Kommentar zur lk. Feldpredigt. Es stellt dem diesseitigen Tun eine jenseitige Vergeltung gegenüber: »Denn was unter Menschen hochgestellt sein will, ist vor Gott ein Greuel!« (V.15).

Das anstößige Gleichnis

Das Gleichnis vom ungerechten Haushalter ist bisweilen als anstößig empfunden worden. Aber das Bildmaterial vom betrügerischen Verwalter darf nicht allegorisiert werden. Wie Jesus in 14,31f nicht den Krieg, so will er auch hier keinen Betrug rechtfertigen. Vielmehr greift das Gleichnis nur einen Vorgang aus dem alltäglichen Handeln der Weltmenschen auf, um mit ihm einen Aspekt seiner Botschaft zu verdeutlichen.

Es kommt also darauf an, den Vergleichspunkt zu finden, der der Anwendung V.8ff in der Bildhälfte entspricht. Nun finden sich aber mehrere Anwendungen für das Gleichnis. In V.8 lobt der Besitzer die Klugheit seines betrügerischen Verwalters. In V.9 wird empfohlen, sich im Gebrauch von irdischen Reichtümern so zu verhalten, daß man nachher auch im Himmel empfangen wird und einen Platz zugewiesen bekommt. Der letztere Gedanke wird dann noch in V.10–13 weiter entfaltet und der Eindruck korrigiert, Jesus wolle dem Reichtum, wenn auch nur im bescheidenen Rahmen, eine Bedeutung für das jenseitige Heil zugestehen.

Diese Beobachtung weist auf verschiedene Bearbeiter hin. So hat das Gleichnis wahrscheinlich ursprünglich mit V.8 geendet. Auf dieser traditionsgeschichtlichen Entwicklungsstufe hat es folgende Bedeutung gewonnen: Die Christen sollten in der endzeitlichen Krise alle Klugheit aufwenden, um das Reich zu ererben. Später hat dann Lukas mit V.9 daraus den Hinweis gemacht: Man solle von dem Geld (der Vergleichspunkt hat sich geändert!), das in sich ungerecht und rein diesseitig ist, einen klugen Gebrauch machen, so daß man im Jenseits bestehen könne (vgl. 11,42; 12,33; 14,12–14). Um diesen Gedanken zu begründen, hat der Evangelist das Gleichnis mit seinem anstößigen Bildmaterial übernommen.
Der Verwalter ist nach V.2 wegen seiner Verschwendung fremden Eigentums beim Besitzer desselben denunziert, überführt und geständig. Seine Absetzung und die drohende Arbeitslosigkeit steht kurz bevor (V.4). Diese letzte Frist vor seinem endgültigen Ausscheiden nutzt er schlau, um sich auf betrügerische Weise bei den Schuldnern seines Herrn einzuschmeicheln und sie in eine Schuld ihm gegenüber zu versetzen. So meint er, sich vor der drohenden Notlage schützen zu können.

Die Anwendung

Diesen Vorgang benutzt nun der Evangelist, um daraus seine These abzuleiten (V.9): Der einzige Wert des Mammon besteht darin, sich mit ihm Freunde für die Zeit zu schaffen, wenn er den Menschen nicht mehr helfen kann, also für die Zeit nach seinem Tod. Für Lukas markiert der Tod den Zeitpunkt, an dem im Jenseits über jedermann entschieden wird, ob er willkommen oder unwillkommen ist. In gewisser Weise nimmt so der Gedanke schon das nächste Gleichnis vorweg, das ihn weiter ausführen wird.
Hatte der Evangelist mit V.9 dem älteren Gleichnis seinen Stempel aufgedrückt, so kann er nun in V.10 die Kehrseite des Gleichnisses herausstellen. Wie der Verwalter in seiner Verschwendungssucht seiner Aufgabe untreu geworden ist, so werden die Jünger vor einem Mangel an Treue gewarnt. Die Verse 10–13 sind also an die lk. Gemeinde gerichtet, um ihr das richtige Verhältnis zum Besitz aufzuzeigen. Jeder, der das ihm anvertraute Gut (das ihm eben nur anvertraut und nicht zueigen ist!) mißbraucht, kann kein himmlisches Erbteil erwarten (vgl. 19,12–27), sondern verfällt dem Gericht (V.12b). Deshalb wird in V.11 dem ungerechten Mammon der »wahre Mammon« gegenübergestellt: das Erbteil, das Jesus seinen Jüngern nach ihrem Tod zugesprochen hat. Die Gemeinde soll trotz der Versuchung, die vom ungerechten Mammon ausgeht, nicht

ihr himmlisches Ziel aus den Augen verlieren (V.13). Der Reichtum als Verführung zur Ungerechtigkeit soll – wenn man ihn schon besitzt – klug in der Weise eingesetzt werden, daß man nicht seinen Platz im Himmel verspielt. Aus lk. Sicht (vgl. 6,35) soll man ihn an die verleihen, von denen man nichts zurückerwarten kann: an die Armen.

Praxis

Das Gleichnis vom ungerechten Haushalter (16,1–8)

Im folgenden werden Vorschläge zur Auswahl und zur Kombination gegeben. Die Teilnehmer bilden Untergruppen von 3–5 Personen und bekommen entweder alle die gleiche – aus den nachfolgenden – Aufgaben oder wählen sich eine davon aus und bearbeiten diese. Arbeitszeit jeweils ca. eine halbe Stunde.

Vorschlag A: Sympathie – Antipathie

Jeder Teilnehmer liest den Text für sich und überlegt, ob er den Text als Ganzes oder einzelne Verse darin sympathisch oder unsympathisch findet. Er sagt dies den anderen, begründet es und hört ihre Stellungnahme.
Variante: Textbeschimpfung. Der Text wird persönlich angesprochen, als ob er im Raum sitzt (evtl. mit einem Buch lokalisieren. Nach Barth/Schramm, Selbsterfahrung mit der Bibel, München 1977, S. 147f und 152).

Vorschlag B: Gleichnis – wofür?

»Wie viele Gleichnisse und Geschichten in der Bibel kann auch dies Gleichnis nicht einfach wörtlich verstanden, sondern es muß entschlüsselt werden. Keine leichte Aufgabe in diesem Fall – aber durchaus lösbar.«
Eine solche Ankündigung wirkt entweder herausfordernd und motivierend, oder sie hält weniger Geübte davon ab, es mit dieser Gruppe zu versuchen. Sie erhält die Aufgabe, herauszufinden und kurz, möglichst in einer griffigen These, zu formulieren, worauf es beim Gleichnis vom ungerechten Haushalter ankommt. (Ein Beispiel aus den untenstehenden kann schon hier genannt werden.) Ausgeschlossen werden kann dabei von vornherein, daß Unterschlagung und Betrug

gelobt und der Haushalter deshalb als Vorbild hingestellt werden soll. Der Leiter kann Couverts mit Thesen bereithalten oder mitgeben für den Fall, daß einer Gruppe gar nichts einfällt oder sie besser in der Auseinandersetzung mit vorliegenden Vorschlägen zu eigenen Formulierungen gelangt bzw. diese mit anderen vergleichen möchte. Solche Thesen können sein:

- Mit Geld läßt sich mehr anfangen als ihr denkt!
- Das Wichtigste, was man mit Geld machen kann, ist: Freunde gewinnen und behalten!
- Die Geschichte ist ein extremes Beispiel für konsequentes Handeln.
- Gelobt wird hier die Findigkeit. Sie ist auf das christliche Leben zu übertragen.
- Wir sollen Mut haben, das Ungewöhnliche zu tun, und nicht nur angepaßt leben.

Vorschlag C: Eigenschaftswörter

Diese Gruppe soll Eigenschaftswörter nennen, die auf den Haushalter bzw. sein Verhalten zutreffen. Die ihrer Meinung nach am besten passenden sollen als erste genannt werden.
Beispiele: Findig, trickreich, klug, abwägend, zweckdienlich, hemmungslos, zukunftsbezogen, mutig.

Vorschlag D: Vergleiche und Bilder

Diese Aufgabe kann auch mit C zusammen von einer Gruppe übernommen werden. Die Gruppe soll versuchen, Vergleiche und Bilder oder sprichwortartige Sätze für diesen Vorgang zu finden, z. B.: Ausverkauf, Tauschgeschäft, Torschlußpanik, Gerade noch rechtzeitig, Jetzt ist schon alles egal, Wenn mich doch die Katze frißt…
Auch hier kann eine Reihenfolge überlegt werden, in der das Gesammelte dem Plenum vorgestellt werden soll. Dort kann von den anderen Teilnehmern gesagt (oder gefragt) werden, ob bzw. warum eine Metapher besonders gut oder gar nicht gefällt bzw. zutreffend erscheint.

Vorschlag E: Beispiele

Die Gruppe soll Beispiele dafür suchen, wo wir selbst oder andere erfolgreiches und »großzügiges« Verhalten auch dann anerkennen, wenn es unrecht ist.
Beispiele: Schwarzarbeit, Gefälligkeitsquittungen, Wahlversprechen

und -geschenke, Anwendung von Technik und Durchführung von Geschäften, ohne die Folgen (z. B. für die Umwelt) zu bedenken oder dafür zu bezahlen; hohe Zuschüsse an Oper und Theater, aber wenig Geld für Jugendheime usw.
Vielleicht gelingt es der Gruppe, daraus eine entsprechende Fassung des Gleichnisses zu formulieren.

Vorschlag F: Interviews

In drei Gruppen werden Interviews der handelnden Personen (Schuldner, Verwalter, Besitzer) erarbeitet oder vorbereitet. Dazu werden zunächst Fragen formuliert und dann die Antworten vorbereitend überlegt. Die Untergruppen legen oder spielen ihre Ergebnisse dem Plenum vor.

Vorschlag G: Lied

Den Teilnehmern wird eine Schallplatte vorgespielt (oder, wenn diese nicht beschafft werden kann, Noten und Text oder nur der Text gegeben) mit der Behauptung, die wäre eine besonders gute und zutreffende Auslegung gerade dieses Gleichnisses. Die Gruppe wird aufgefordert, dazu Stellung zu nehmen.
Das Lied heißt »Wenn du das Ende kennst« und ist auf Platte bei Schwann 14004 als Single und als LP 300 Neue geistliche Lieder 1 erschienen. Noten und Text sind in dem Liederheft *Neue geistliche Lieder 2*, Bosse Verlag Regensburg, und in anderen Liederheften zu finden:

Wenn du das Ende kennst, setz alles, setz alles, setz alles auf eine Karte, wenn du das Ende kennst.
Wenn du die Lage kennst, zieh immer, zieh immer, zieh immer die Konsequenzen, wenn du die Lage kennst.
Wenn du die Worte kennst, verbrenne, verbrenne, verbrenne dir deine Zunge, wenn du die Worte kennst.

Da der Text des Liedes nicht in erster Linie das Verhältnis zu Geld und Besitz anspricht, werden sich in der Diskussion unterschiedliche Auffassungen des Gleichnisses zeigen. Aus dem Text Lk 16,1–13 können die Verse ausgesucht werden, auf die das Lied zutrifft.

Vorschlag H: Textvergleich

Den Teilnehmern wird zunächst nur der Text Lk 16,1–8 gegeben oder vorgelesen und erst später, wenn dieser Abschnitt besprochen worden ist, die Verse 9–13 mit der Frage, ob sie darin eine zutreffende Erläuterung des Gleichnisses vom untreuen Verwalter erkennen können.

- Was sagen die beiden Texte über den Umgang mit Geld?
- Geht es nur um Geld oder ist Geld hier Beispiel für alle knappen Güter, die Lebensqualität bringen, z. B. Zeit, Wohnen, Bildung, Informationen? Was tun wir damit? Schulden wir es jemanden?
- Ist mir schon einmal etwas erlassen worden aus Gründen, die auf einem ganz anderen Gebiet lagen?

Der arme Lazarus vor unserer Tür

Lukas 16,19–31

Das Gleichnis ist nach Ausweis von V. 14 und dem anschließenden Neueinsatz 17,1 an die »geldgierigen Pharisäer« gerichtet. Es behandelt zwei Problemkreise. Einmal wird im ersten Teil die jenseitige Vergeltung des diesseitigen Lebenswandels thematisiert, insofern dort die Umkehr des Schicksals für Reiche und Arme erfolgt (vgl. 1,53; 6,20–26; 12,13–21; 14,16–24 u. a.). Religionsgeschichtlich betrachtet erinnert die naive Erzählfreude dieses Teils (V. 19–25 bzw. 26) an ein Märchenmotiv, das auch im alten Ägypten bekannt war:

Ein Ägypter namens Si stirbt und wird nach seinem Tod als Si-Osiris wiedergeboren, und zwar als Sohn eines kinderlosen Ehepaares (vgl. 1,26–38). Als sein »Vater« eines Tages der aufwendigen Beerdigung eines Reichen zusieht und gleichzeitig merkt, wie nicht weit davon ein Armer verscharrt wird, nimmt ihn Si-Osiris mit in das Land des Todes. Dort sieht er, daß die Reichen im Hades große Qual und Pein erleiden, der Arme hingegen in Luxus lebt. Darauf folgt in dem ägyptischen Märchen noch stilgerecht die »Moral von der Geschichte«: Die guten Taten des Armen haben das Übergewicht über seine Fehler; für den Reichen traf das Gegenteil zu.

Dieses Motiv fand seinen Weg in die jüdische Folklore, wo man bislang sieben Erzählvarianten kennt. An die hier vorliegende Fassung schließt sich noch ein zweiter Teil an (V. 27–31), der die Geltung des Gesetzes behandelt (vgl. 16,16ff). Wenn man auf dessen sittliche Forderungen nicht hört und sie nicht in die Tat umsetzt, kann selbst die Wiederkehr eines Toten nicht vor dem Schicksal schützen, das der Reiche im Hades erleidet.

Zu den Einzelheiten: Die ausführliche Schilderung der Kleidung des Reichen (»Purpur« = Gewandung von Fürsten: 1 Makk 8,14; 10,62; und »Byssus« = königliches Gewand: Est 8,15) und des Lebenswandels mit täglichen Festgelagen mit seinesgleichen (vgl. 6,32–34) charakterisiert seinen luxuriösen Lebensstil. Durch den Kontrast zu der Lage des Armen, der fast verhungert und mit Geschwüren bedeckt vor der Einfahrt zu seiner Villa liegt, wird diese egoistische Haltung des Reichen beleuchtet. Dieser macht keinen rechten Gebrauch von seinem Reichtum, indem er ihn mit dem Armen vor seinem Portal teilen würde. Durch dieses Verhalten handelt er sich die Pein im Hades ein, wo er mit Feuer gequält wird.

Der »Schoß Abrahams« (vgl. 4 Makk 7,19; 16,25) kann nur das Paradies im göttlichen Bereich sein. Zwischen ihm und dem Hades besteht nach V.26 eine tiefe, unüberbrückbare Kluft. Es besteht nur ein Blick- und Rufkontakt. Diese Vorstellung entspricht der apokalyptischen Vorstellung von 4 Esr 7,83.93, daß die Hadesbewohner die Freude derer sehen können, die bei Gott ihren Aufenthaltsort gefunden haben, und umgekehrt, daß die bei Gott Wohnenden die Freude haben, zu sehen, wie es den Unfrommen im Hades ergeht. (Auch das Motiv, daß der Ungerechte im Hades zur Strafe mit Feuer gepeinigt wird und gerne Wasser von Lazarus zur Kühlung erhalten möchte, deckt sich in gewisser Weise mit apokalyptischen Vorstellungen; vgl. 1 Hen 22,2.9.)
Die aufgezeigten Parallelen legen trotz aller redaktionellen Überarbeitung eine vorlukanische Fassung des Gleichnisses nahe. Nur der sekundär angehängte Schlußteil (V.27–31) könnte auf den Evangelisten zurückgehen. Er wollte mit ihm noch einmal auf die Verse 15–18 (und Kap.15) zurückkommen. Denn die Schlußverse entfalten den Gedanken, daß selbst das Wunder einer Totenauferweckung aus lk. Sicht niemanden zur Umkehr bewegen kann, wenn er nicht das Gesetz und die Propheten als Grundlage jeder sittlichen Forderung anerkennt.
Obwohl die Erzählung in der lk. Fiktion an die Pharisäer gerichtet ist, hat sie der lk. Gemeinde im Rahmen der »Reiseberichts«-Paränese viel zu sagen. Der Evangelist mahnt sie, mit Reichtum und Besitz in der Weise umzugehen, daß sie das himmlische Ziel (und nicht den Hades) erreichen. Die Christen werden nicht mit dem Jenseits getröstet, sondern es wird ihnen eine aktive Lebens- und Weltgestaltung im Sinne des lk. Evangeliums abverlangt. Wiederum ist für Lukas der Reichtum und der Besitz die für seine Zeit typische Gefahr, der es mit dem Gleichnis u. a. zu begegnen gilt.

Praxis

Thema: Teilen

Als eine Voraussetzung menschlichen Glücks erscheint heute vielen Menschen das Besitzen von Geld und materiellen Werten. Oft ist das Streben nach finanzieller Sicherheit und nach Besitz die dominante Triebfeder für das Leben und die wichtigste Motivation, die es dem einzelnen ermöglicht, sich anzustrengen. Gegen diese einseitige Orientierung am »Haben« wendet sich dieses Gleichnis. Jesus erzählt es den Pharisäern, die ein frommes Image hatten, in ihrem Verhalten (nach Lukas; s. 16,14) aber geldgierig waren. Heute trifft uns das Gleichnis in einer Phase der Konsum-Sucht und des Wohlstandes; dem steht die krasse Armut von Millionen von Menschen in Ländern gegenüber, die nur einige Flugstunden von uns entfernt sind. – In einem übertragenen Sinne gibt es aber auch viele Formen von Armut mitten unter uns.

Vorschlag A

1. Zunächst regt der Leiter die Teilnehmer zu einer Einzelbesinnung an zu der Frage: »Was bedeutet mir das, was ich besitze, und wie gehe ich damit um?« (ca. 10 Min.)
2. Dann sprechen die Teilnehmer in kleinen Arbeitsgruppen über ihre Entdeckungen. In jeder Arbeitsgruppe notiert einer der Teilnehmer die wichtigsten Gedanken und Fragen, die er dann im Plenum vorträgt.
3. Nach den Berichten aus den Gruppen versucht der Leiter im Plenum, die genannten Erfahrungen und Meinungen zu sortieren und mit der Aussage des Gleichnisses zu konfrontieren: »Teile deinen Reichtum mit dem, dessen Not du siehst!« Praktikable Konsequenzen werden sich im Gespräch eröffnen.

Vorschlag B

1. Jeder Teilnehmer erhält ein leeres Blatt Papier, auf das als Überschrift folgende Begriffe geschrieben werden: »Hergeben – Verzichten – Opfern«. Alle sollen über diese Wörter nachdenken und auf ihr Blatt schreiben, was ihnen dazu einfällt: Gedanken, Erfahrungen, Fragen.
2. Nachdem alle Teilnehmer ihre Gedanken aufgeschrieben haben (nach ca. 10–15 Min.), überlegt jeder, wem in der Gruppe er sein Blatt geben und mit ihm tauschen möchte. Dann geht jeder zu dem von ihm gewählten Partner, und beide tauschen ihre Blätter aus.
3. Jeder liest nun zunächst aufmerksam, was der andere geschrieben hat. Dabei hat jeder Gedanken und Gefühle; Zustimmung und Ablehnung entstehen. Das kann auf das Blatt geschrieben werden. Jeder ergänzt also das Blatt des anderen mit eigenen Fragen und Einfällen, mit seinem Kommentar.
4. Dann werden die Blätter zurückgegeben, gelesen, und nach einer kurzen Zeit des Überlegens können die Partner miteinander sprechen.

5. Im Plenum liest der Leiter das Gleichnis, entfaltet sein Verständnis des Textes (Hauptaussage, Vorschlag A) und versucht die Gruppe zu einem Gespräch anzuregen über das Gleichnis in seiner Bedeutung für die Praxis.

Vorschlag C

1. In einer ausführlichen Einführung informiert der Leiter die Gruppe über die Armut und die ungleiche Verteilung der Güter auf dieser Erde, z. B. über folgende Fakten:

- 750 Mio. Menschen der ärmsten Nationen leben in extremer Armut und haben ein Jahreseinkommen von weniger als 170 DM.
- Durch Eiweißmangel entstehen bei Kindern lebenslange Gehirnschäden.
- Teilt man die Welt in ein wohlhabendes Drittel und zwei arme Drittel, so nehmen die 34% Reichen jedes Jahr 87% des Weltbruttosozialprodukts in Anspruch, während sich die anderen zwei Drittel der Menschen mit 13% begnügen müssen.

2. Danach wird das Gleichnis gelesen, und in Gesprächsgruppen überlegen die Teilnehmer, zu welchen praktischen Konsequenzen uns dieses Gleichnis nötigt.
3. Im Plenum werden die Ergebnisse zusammengetragen, Fragen beantwortet und Konsequenzen diskutiert. Vorher muß sich der Leiter auch auf Einzelfragen zum Text einstellen und sich darauf vorbereiten (s.Auslegung).

Literaturhinweise

Ronald J. Sider, Der Weg durchs Nadelöhr. Reiche Christen und Welthunger, Aussaat-Verlag, 1978
Kinder in der Dritten Welt, Nationale Kommission für das Internationale Jahr des Kindes, Haager Weg 44, 5300 Bonn 1 (kostenlos)

Vorschlag D

Mit einer Gruppe, der kreative Gestaltungsmöglichkeiten nicht fremd sind, läßt sich das Thema durch gespielte Szenen aktualisieren.
1. Zunächst wird der Leiter das Gleichnis lesen und erläutern (s. Auslegung und obige Einführung).
2. In Arbeitsgruppen (4–6 Personen) sollen sich die Teilnehmer darüber Gedanken machen, welche »Armen« vor unserer »Tür« liegen und wie wir diesen helfen können. Beispiele könnten sein:

- Ein ausländischer Jugendlicher bewirbt sich um verschiedene Lehrstellen, erhält aber keine Zusage.
- Ein behindertes Kind hat nur mit seinen Eltern Kontakt.
- Alte Menschen fühlen sich in einem Altenheim isoliert und abgeschoben.
- Vielleicht kann ein Teilnehmer über erlebte Armut von Christen im In- und Ausland berichten.

Die Aufgabe jeder Arbeitsgruppe besteht nun darin, sich für eine Spielszene zu entscheiden, die eine spezifische Form von Armut darstellt, diese szenisch zu gestalten (Problemaufriß) und einzuüben, um sie dann im Plenum vorspielen zu können.

3. In einer zweiten und evtl. in weiteren (alternativen) Szenen kann die Gruppe Möglichkeiten weiterspielen, die aufzeigen, wie wir der Armut begegnen, wie wir unseren Reichtum teilen und damit Notleidenden helfen können.

4. Im Plenum werden dann zunächst die Szenen einer Gruppe gespielt (Problemaufriß und Problemlösung). Daran schließt sich eine Reflexionsphase und ein Gespräch darüber an, wie das Teilen konkret werden kann. Danach spielt die zweite Gruppe ihre Szene, usw.

5. Eine gemeinsame Mahlfeier kann den Abschluß bilden, bei der Lk 22,19–20 bedacht und das Teilen von Brot erlebt wird.

Dank und Undank

Lukas 17,11–19

Wie in den Gleichnissen, so mahnt der Evangelist mit den Wundererzählungen im sog. »Reisebericht« rechtes Verhalten an. Dementsprechend haben letztere auch eine besondere Form. Soll die richtige Praxis im Kontrast zu einem bestimmten Fehlverhalten verdeutlicht werden, so werden die Wundergeschichten selbst nur als Anlaß zu einem Streitgespräch erzählt, das das rechte Verhalten ausdrücklich nennt (vgl. 11,14ff; 13,11ff; 14,1ff). In dieser Geschichte soll verdeutlicht werden, wie sich die zu verhalten haben, denen Heil widerfährt.

Nach dem langen Gleichnisabschnitt 15,1–17,10 ist es an der Zeit, die Reisesituation Jesu nach Jerusalem wieder einmal dem Leser ins Gedächtnis zu rufen (vgl. 9,51; 13,22 u.a.). Aus der Wegnotiz Mk 10,1 las Lukas heraus, daß sich Jesus an der Grenze zwischen Samaria und Galiläa entlang (vgl. Xen., Anab. 1,4.4) in Richtung auf Jerusalem bewegte. Da aber Samarien im Widerspruch zur Topographie zuerst genannt wird, darf man annehmen, daß die Notiz das Auftreten eines aussätzigen Samariters im Kreis von Juden motivieren soll. In der Wundererzählung nämlich spielt das eine bedeutende Rolle. Die Geschichte erzählt, daß auf dem Weg Jesu nach Jerusalem eine Gruppe von zehn Aussätzigen in einem Grenzdorf von ferne Jesus anrufen und um seine Hilfe bitten. Nach Lev 13,46; Num 5,2f; Ijob 2,12 müssen Aussätzige wegen der Ansteckungsgefahr von den Gesunden abgesondert leben. Auf diese Weise auf sie aufmerksam geworden, spricht Jesus sein Machtwort: »Geht, zeigt euch den Priestern.« Indem der Evangelist das Wort Jesu mit dem Befehl zum »Gehen« eröffnet, signalisiert er, daß sich die Reinigung vom Aussatz auf dem Weg zum Priester, der sie mit seiner Reinsprechung in die Gesellschaft der Gesunden eingliedern kann, vollziehen wird. Als dies wirklich so eintritt, kehrt nur einer, und zwar der Samariter, zurück, um Gott für seine Wohltat zu danken; die anderen setzen ihren Weg zu den Priestern fort (vgl. 13,15). Aus lk. Sicht verlangt eine so erfahrene Wohltat Dank gegenüber Gott und dem, der sie ihm vermittelt hat: Jesus. Die Erzählung endet mit dem Hinweis auf den Glauben und dessen Heilkraft. Damit ist der geheilte Samariter entlassen (vgl. 7,50; 8,48; 18,42). Die Erzählung selbst ist Teil des lk. Sondergutes. Es gibt gute Gründe, sie als lk. Komposition aus Lk 5,12ff; 18,35ff und 2 Kön 5,15f zu verstehen. Eine ältere Vorlage ist nicht erkennbar. Die Erzählung selbst aber hat für die lk. Gemeinde, der ja selbst Heil widerfahren ist, großen Aussagewert: Man kann Gott, der an Jesus seine Heilszuwendung gebunden hat, nur danken, wenn man ihm in Jesus, seinem Heilsmittler, die Ehre gibt und dankt. Dies haben die neun Juden nicht vermocht, sondern der den Juden fremde, der Samariter. Im Samariter (vgl. 10,29–37) scheint sich nach Lukas offensichtlich die Gemeinde selbst symbolisch wiederzufinden: Sie steht dem Judentum in vielem (vgl. 16,16–18) nahe, im rechten Verhalten aber fern.

Praxis

Thema: Spontane Dankbarkeit als Antwort auf Gottes Heilstaten

Ziel: Im dankbaren Samariter sich selber erkennen und ihn nachahmen

Mögliche Einstiege in das Thema

A. Jeder Teilnehmer arbeitet – nachdem der Text im Plenum verlesen worden ist – die schriftliche Vorlage nach der Västerås-Methode (vgl. Praktische Bibelarbeit heute, S. 71f) durch, indem er Fragezeichen, Ausrufezeichen und Pfeile an den Rand zeichnet.
Im Plenum werden dann zuerst alle Fragen an den Text besprochen. Dann kommen die Stellen mit den Ausrufezeichen ins Gespräch, um den Text zu vertiefen. Schließlich werden anhand der Pfeile in einem Rundgespräch die Anwendungen auf das persönliche Leben gezogen.
B. Assoziations-Kette. Die Teilnehmer erhalten einen Zettel und Schreibstift. Auf dem Zettel steht (oder wird geschrieben): »Ich bin dankbar für…« Es empfiehlt sich, darauf hinzuweisen, daß die Notizen streng geheim bleiben und zerrissen werden, nachdem sie im Plenum vorgelesen wurden.
C. In Form einer Wortmeditation (vgl. Praktische Bibelarbeit heute, S. 173ff) wird das Stichwort »Dank« gegeben. Man kann als Impuls auch die Verse 15 und 16 vorlesen. Mit den Zetteln wird wie unter B verfahren.
D. Aus der Wortkonkordanz werden die Bibelstellen unter den Stichwörtern »Dank«, »dankbar«, »danken« herausgezogen und in Kleingruppen mit etwa 3 Personen besprochen.

1. In welchen Situationen wird gedankt?
2. Wofür sind Menschen Gott dankbar?
3. Wie zeigt sich dieser Dank?

Die Gruppen berichten im Plenum, das die Beiträge diskutiert.

Schritt 2: Vertiefung des Textverständnisses

Zum besseren Verständnis des Textes sollten folgende Fragen geklärt werden:

- Warum schickt Jesus die Aussätzigen zu den Priestern?
- Was haben wohl die anderen neun Geheilten getan?
- Warum ist dieses Wunderzeichen Jesu so provokativ?
- Welches ist die Kernaussage der Perikope?

Es kann auch thematisiert werden, was der häufig am Ende einer Perikope zitierte Satz bedeutet: »Dein Glaube hat dir geholfen!« (vgl. Lk 7,50; 8,48; 18,42; Mt 9,22; Mk 5,34; 10,52 u.v.a.m.)

Schritt 3: Anwendung auf mein Leben

Falls nicht bereits geschehen, kann einer der möglichen Einstiege B oder C zur Konkretisierung benutzt werden.
Wer will, formuliert schriftlich ein Dankgebet und trägt es vor.
Wie steht es mit der Spontaneität in der Praxis meines christlichen Lebens? Sind Gebet, Gottesdienst und gute Taten zur Routine geworden? Führe ich nur »Anordnungen« aus, oder achte ich auf die spontanen Regungen meines Herzens? Bitte ich Gott immer nur um etwas, oder hat das Lob- und Dankgebet seinen Platz in meinem Leben? Evtl. ergibt sich ein spontaner Kontakt zum Deutschen Aussätzigenwerk, Würzburg.
Zum Schluß kann das Lied »Danke« gesungen oder angehört werden (17 cm Electrola E 22073). Die im Lied angeführten Gründe zum Danken sind ein guter Impuls für ein abschließendes Gespräch oder freies Gebet.

Nicht wegen unserer Leistungen...

Lukas 18,9–14

Der Text wird von einer redaktionell angeführten Einleitung (V.9) eröffnet, die die Aussageabsicht des Evangelisten andeutet (vgl. 16,15;20,20). Seiner Ansicht nach soll in dem Gleichnis das unterschiedliche Verhalten zweier Menschentypen kontrastiert werden: Der eine Typ hält sich voller Selbstvertrauen auf seine Leistungen für gerecht. Deshalb teilt er die Menschheit in zwei Klassen auf, in seinesgleichen und in die übrigen, die er als ungerecht verachtet. Neben der Einleitung hat der Evangelist ein das Gleichnis kommentierendes Schlußwort (V.14b) hinzugefügt. Es verdeutlicht noch einmal die durchgängige lk. Redaktionsintention, daß es eine jenseitige Umkehrung aller Werte gibt (vgl. 6,20–26; 14,16–24; 16,19–31).

Dazwischen steht das Gleichnis V.10–14a. Sein dreiteiliger Aufbau läßt sich leicht bestimmen. V.10 stellt die beiden Handlungsträger in der Umgebung und bei der Handlung vor, die das Folgende bestimmen: ein Pharisäer und ein Zöllner gehen zum Tempel hinauf (vgl. 9,28), um dort zu beten. Der Vers bildet mithin die Exposition. In V.11 und V.13 werden die verschiedenen Gebetsmotivationen (Dankgebet steht gegen Bittgebet) der beiden kontrastiert. V.14a bildet den ursprünglichen Schluß. Er bringt die Anwendung. Sie erklärt den Zöllner für gerechtfertigt vor Gott, den Pharisäer aber nicht.

Aber es bleibt offen, wie es zu diesem Urteil des Erzählers kommt. Verurteilt er das vom Pharisäer Geleistete (Privatfasten, Verzehnten des gesamten Einkommens, kein notorischer Übeltäter zu sein) als Ungerechtigkeit und die demütige Selbsteinschätzung des Zöllners als Sünder als Gerechtigkeit? Auf diese Frage gibt der Evangelist in seinen Zufügungen selbst Auskunft: Jeder, der von dem Bewußtsein seiner Sündhaftigkeit durchdrungen ist und sich der göttlichen Gnade unwürdig fühlt (vgl. 7,1–10), wird sie erhalten. Wer aber sich selbst rein, gerecht und über andere erhaben dünkt, wird nimmer von Gott gerechtfertigt werden. Der Vergleichspunkt liegt für Lukas nicht darin, daß das, was der Pharisäer getan hat, von vornherein als schlecht verurteilt wird (vgl. 19,8), sondern darin, daß der Pharisäer in Unkenntnis der Bewußtseinslage des Zöllners über ihn aburteilt. Wie in 11,42 vertritt der Evangelist den Standpunkt: »Das eine tun und das andere nicht unterlassen.« Der Monolog der Selbstzufriedenheit, den der Pharisäer hält, muß aus lk. Sicht in Hinsicht

auf das Bittgebet des Zöllners geändert werden, ohne das rechte Tun zu unterlassen.
Wie die redaktionellen Mahnungen, den Reichtum und den Besitz in der Weise zu verwenden, daß man das himmlische Ziel nicht aus dem Blick verliert und nur noch sich selbst lebt, enthält auch das Gleichnis vom Pharisäer und Zöllner für die lk. Gemeinde eine wichtige Botschaft über den Weg zur göttlichen Rechtfertigung (vgl. 16,15ff; 20,20ff): Der Christ soll sich niemals aufgrund von Leistung über andere erhaben dünken, sondern 17,10 bedenken: »So soll es auch bei euch sein: Wenn ihr alles getan habt, was euch befohlen wurde, sollt ihr sagen: Wir sind unnütze Sklaven; wir haben nur unsere Schuldigkeit getan.«

Praxis

Das Gebet des Pharisäers klingt schlecht. Keiner von uns würde sprechen: »Gott, ich danke dir, daß ich nicht wie die anderen Menschen bin.« Mit dem Denken aber verhält es sich schon anders, und gesagt haben wir es auch schon zumindest in Streitgesprächen, mit Ton: »Du kannst mich doch nicht mit dem oder der oder einem... vergleichen!«
Im Hinblick auf Verhalten gab es zwischen Pharisäern und Zöllnern einen erheblichen Unterschied. Gelogen oder wenigstens übertrieben ist das, was der Pharisäer sagt, nicht. Pharisäer führten ein rechtschaffenes, gottesfürchtiges Leben. Es war ihnen Ernst um die Gebote, und zwar nicht nur die, die das Fasten und das Geben des Zehnten betrafen (es ist keine Kleinigkeit, den Zehnten zu geben; die Kirchensteuer macht ungefähr den 140. Teil unseres zu versteuernden Einkommens aus, und die reiche Bundesrepublik schafft es nicht, den 140. Teil ihres Bruttosozialprodukts für Entwicklungshilfe freizumachen).
Von einem Zöllner dagegen hätte selbst ein Freund nicht sagen können, daß er das, was der Pharisäer anführt, tut. Ihm blieb gar nichts anderes übrig, als so zu reden, wie er redet. Entscheidend aber war, daß er redete, und daß er so redete.

Vorschlag A: Aber ich bin doch anders!

1. Jeder überlegt für sich allein und schreibt das Ergebnis stichwortartig nieder, mit wem er nicht in einen Topf geworfen werden möchte,

und wie er zu erkennen gibt, daß und von wem er sich unterschieden weiß.

2. Wenn die Gruppe nicht mehr als dreißig Mitglieder hat, wählt sich jeder einen Partner, dem gegenüber er bereit ist, seine Niederschrift vorzulesen, und interessiert, die des Partners anzuhören. An das Vorlesen des Niedergeschriebenen schließt sich ein Gespräch an, in dem es um Verdeutlichung, Korrektur oder Ergänzung des Niedergeschriebenen geht.

3. Einige Gesprächspaare berichten getrennt dem Plenum und zwar so, daß A ohne Rückfragen an B erzählt, mit wem B nicht in einen Topf geworfen werden möchte, und wie er zu erkennen gibt, daß und von wem er sich unterscheidet. Darauf berichtet B in gleicher Weise von A. Die Redezeit pro Gesprächspartner sollte eine Minute nicht überschreiten.

Im Plenum wird überlegt, welche Gebetsformulierungen durchscheinen lassen, daß ich dankbar bin, nicht wie andere zu sein. Vielleicht ist das der Grund, weswegen ich für diese Leute bete.

4. Drei Filme können als Meßlatte verwendet werden bei der Suche, mit wem ich nicht verglichen werden kann oder möchte:

»Blickpunkt. Touristen in Srilanka« (deutsche Urlauber auf Fotosafari im Fernen Osten)
»Arm würd' ich nicht sagen« (das Nebeneinander von Leuten der Mittelschicht und solchen, die, gezeichnet als ehemalige Insassen eines Obdachlosenasyls, in Häusern wohnen mit Billigmieten)
»Und was denken Sie von mir?« (Interviews mit Prostituierten)

In Gruppen werden die Erfahrungen ausgesprochen, die bei der Begegnung mit den im Film gezeigten Personen entstanden unter dem Aspekt, wie nah oder fremd, wieviel stärker oder schwächer, anständiger oder unanständiger, gerechter oder ungerechter bin ich? Am Schluß kann noch einmal V.14 gelesen und in Stille bedacht werden.

Vorschlag B: So nicht...

1. Niemand wird von sich sagen – und wenn, dann nur unter ganz bestimmten seltenen Voraussetzungen –, daß er ein Pharisäer ist, oder arrogant, oder überheblich, oder mit sich selbst zufrieden. Wer so ist, stößt ab, und abgestoßen werden will keiner. Was ich nicht von mir selbst sagen kann, können aber andere sagen. Über meinen Pharisäismus können andere reden. Die Frage ist, ob ich sie zu Wort kommen lasse.

Ein Redeversuch unter Wahrung der Diskretion als Gruppengespräch: Wie erlebe ich Pharisäismus – das Nicht-in-einen-Topf-geworfen-werden-wollen mit anderen um mich, in meiner Familie, in der Gemeinde, bei Politikern? Die Gruppen berichten dem Plenum.
2. Wir stellen uns vor, nachdem Pharisäer und Zöllner ihr Gebet gesprochen haben, ertönt im Tempel eine Stimme – beide hören sie –, die sagt: »Du Zöllner gehst als Gerechter nach Hause, du Pharisäer nicht.« Jeder überlegt sich, welche Reaktionen dieser Ausspruch bei beiden auslöst, schreibt das nieder, liest es seinem Nachbarn vor und spricht mit ihm darüber.
Für ein folgendes Gruppengespräch könnte die Aufgabe lauten:

- Welchen Einfluß hat dieser Ausspruch auf das Verhältnis der beiden zueinander?
- Welche Konsequenzen ziehen sie daraus?
- Was könnte einer vom anderen lernen?

Vorschlag C: Gerecht – nicht gerecht

1. Der Text wird vorgelesen. Auf Wunsch zweimal. Es folgt eine stille Zeit von 10 Minuten, damit jeder versuchen und abwarten kann, ob und wie er den Pharisäer und/oder den Zöllner in sich entdeckt. Dann wird dieses Erlebnis mit Fingerfarben gemalt. Dafür sind 30 bis 40 Minuten nötig.
2. Die Bilder werden an einer Wand befestigt, die Gruppe – es können nicht mehr als 15 bis 20 Personen sein – sitzt im Halbkreis vor den Bildern. Jeder erzählt, wie sein Bild entstanden ist nach der Begegnung mit dem Text. Es können Rückfragen gestellt und Entdeckungen ausgesprochen werden.
3. Jeder schreibt sein Pharisäer- und sein Zöllnergebet nieder auf getrennten Zetteln, ohne Namen, markiert mit einem P oder Z. Die Zettel werden eingesammelt und im Wechsel einige Pharisäer- und Zöllnergebete gelesen.
4. Es folgt ein Dialog. Vorgegeben wird folgende Situation: Der Pharisäer und der Zöllner haben den Tempel verlassen. Sie setzen sich beide nebeneinander auf den Rand des Brunnens vor dem Tempel. Nach einiger Zeit entsteht ein Gespräch zwischen ihnen, das um die Worte kreist: Gerecht – nicht gerecht.
Den Abschluß könnte eine Mahlfeier machen.

Eine Einkehr und ihre Folgen

Lukas 19,1–10

Als Abschluß des »Reiseberichts« bilden 18,35–19,28 eine Erzähleinheit, die noch einmal wichtige Gedanken der Gesamtkomposition und vielleicht des ganzen Evangeliums dem Leser einprägen soll. In der Zachäusperikope übernimmt diese Funktion V.10: »Der Menschensohn ist gekommen, um zu suchen und zu retten, was verloren ist.« Damit faßt der Vers eine Problematik zusammen, die der Evangelist in 5,27ff zuerst aufgegriffen und in Kap. 15 vertieft hatte. Im Zusammenhang mit der Wundererzählung 18,35–43 resümiert der Vers die Aufgabe Jesu gegenüber denen, die in Israel als verloren galten: den Sündern und Zöllnern, den Armen und Kranken, den von Dämonen Unterjochten und Hungernden (vgl. 4,18f; 6,20ff; 14,13.21). Sie hat Jesus aufgesucht und ihnen Rettung bzw. Heil gebracht. Das Tun Jesu hat nach 4,21 die Voraussage der Schrift »heute« erfüllt. Das heilsgeschichtliche »Heute« taucht auch in der Zachäusperikope zweimal auf (V.5.9) und verstärkt den Verdacht, die Perikope erfülle die Aufgabe eines Resümees. Der Eindruck verstärkt sich noch, liest man die Einzelaussagen mit Blick auf die lk. Gesamtaussage seines Evangeliums.

Zachäus wird zu Beginn der Perikope nicht als ein einfacher Zöllner vorgestellt, sondern er ist Oberzöllner und reich dazu. Damit hat der Evangelist zwei Übel in einem Menschen personifiziert: Er gehört zu der von den Pharisäern und Schriftgelehrten abgelehnten Menschenklasse (vgl. 5,27ff; 7,34; 15,1ff), und sein Reichtum und großer Besitz gefährdet bei falscher Verwendung das Erreichen des christlichen Lebenszieles, bei Jesus im Paradies zu sein (23,43).

Das Verweilen Jesu bei Zachäus beschreibt Lukas als heilsgeschichtlich vorgesehen: »Denn ich *muß* heute in deinem Haus zu Gast sein« (V.5). Diese Willensbekundung löst eine doppelte Reaktion aus. Die Volksmenge »murrt«, daß Jesus mit Sündern verkehrt. Die Notiz verwehrt die bisweilen vertretene Meinung, Jesus wäre die Nacht über im Haus des Zachäus geblieben. Vielmehr wird die für Lukas typische Situation gemeint sein, daß Jesus mit den Sündern »ißt und trinkt«. Die andere Folge betrifft den von Freude überwältigten Zöllner. Der persönliche Eindruck erfaßt Zachäus in einer Weise, daß er den festen Vorsatz faßt, von seinem Besitz die Hälfte an die Armen abzutreten und jedem, den er vielleicht übervorteilt hat, über alle bekannten Maße (Lev 5,24; 6,5; Num 5,6f)

hinaus zu vergelten. Damit vollzieht er in den Augen des Evangelisten das, was der Täufer (3,8.12) als Frucht der Umkehr gefordert hatte: Wohltätigkeit gegenüber den Armen. Demnach verdeutlicht das Gelübde des Zöllners das, was angesichts von Reichtum für einen Christen gefordert ist: Wohltätigkeit als Frucht geschenkter Umkehr.
Dies bestätigt der die eigentliche Perikope abschließende V.9: »Heute ist diesem Haus das Heil geschenkt worden«. Denn auch sittlich und nicht nur national hat Zachäus sich und seine ganze Familie in die Heilsnachfolge Abrahams eingeordnet. Auf diese Weise hat Jesus das Versprechen Gottes an Abraham für seine Nachkommenschaft eingelöst. In dem heilsgeschichtlichen Hinweis auf die Abrahamssohnschaft schwingt vielleicht auch die in 16,23ff geäußerte Meinung des Evangelisten mit, daß der in Gerechtigkeit und Selbstzucht lebende Gläubige und Arme (vgl. 6,20–23) am Ende seines Lebens im Paradies einen Platz findet, der ihn für das entschädigt, was ihm in diesem Leben nicht vergönnt war. Zusammen mit dem den »Reisebericht« beschließenden Gleichnis mahnt die Zachäusperikope die lk. Gemeinde, mit dem Kapital, das Gott einem geliehen hat, so zu wirtschaften, wie es dem aus dem Evangelium lebenden Christen ansteht: Gerechtigkeit und Selbstzucht zu üben und des kommenden Gerichts eingedenk zu sein.

Praxis

Thema: Jesus sucht und rettet die Verlorenen

Ziel: Dankbare Freude über die eigene Berufung

In dieser Gruppenstunde mit der Bibel sollte nicht nur über den Text geredet werden. Etwas von der Freude, die in der Zachäusgeschichte aufklingt, kann erlebt werden, wenn die Gruppe ein fröhliches Mahl hält, singt und spielt. Die Teilnehmer können gleich zu Beginn an einem geschmückten Tisch sitzen, aber auch erst im Verlauf der Bibelstunde die Tischrunde herstellen.

Mögliche Einstiege in das Thema

Zu Beginn wird der Text vorgelesen.
A. Eine Inszenierung der Bibelstelle bietet sich geradezu an. Schon die Wahl der Personen für die einzelnen Rollen macht viel Spaß, denn die Gruppe entscheidet, wer den Zachäus, den Jesus, die Tischgä-

ste, die murrenden Pharisäer spielt.
In Kleingruppen wird ein Drehbuch mit ganz kurzen Angaben zu den einzelnen Szenen entworfen (15 Min.).
Das Plenum einigt sich auf einen Ablauf, der dann im Stegreifspiel durchgeführt wird. Dabei sollten die wesentlichen Schritte der Erzählung herauskommen:

1. Zachäus will Jesus sehen, die Menge hindert ihn daran.
2. Jesus ruft Zachäus vom Baum: »Heute muß ich...«
3. Die Leute murren und sind ärgerlich.
4. Das fröhliche Gastmahl.
5. Das »Testament« des Zachäus.

Die beiden letzten Szenen gehören bereits zur Tischrunde.
B. Kleingruppen einigen sich bei der Verswahl (vgl. Praktische Bibelarbeit heute, S. 73f), welche Sätze am wichtigsten sind (s. Exegese). Diese Verse werden in Kurzform auf ein Plakat geschrieben und beim Bericht im Plenum vorgeführt. Nach einem kurzen Rundgespräch, bei dem das Textverständnis vertieft wird, beginnt die Tischrunde.

C. Zur Bildbetrachtung setzen sich alle im Halbkreis vor den Wandfries (»Heute ist diesem Hause Heil widerfahren«, Verlag Ernst Kaufmann, Lahr/Christophorus Verlag, Freiburg) oder die Leinwand. Ohne Wortmeldungen sagt jeder, was er sieht, was ihm dazu einfällt, welche Fragen er hat.
Der Leiter faßt zusammen: »Dreimal ist Zachäus zu sehen. Suchen Sie Unterschriften unter diese Bildabschnitte!« Die Texte werden auf Plakatkarton geschrieben und unter dem Fries angebracht. (Begegnung – Einkehr – Umkehr.) Über das Bild kann evtl. noch geschrieben werden: Heute bei dir – Heute ist Heil.

Schritt 2: Die Bibel erleben

Um den Text emotional zu erleben, hält die Gruppe eine Tischrunde. Ein gedeckter und mit Blumen geschmückter Tisch bietet für alle Platz. Zu Beginn wird ein Lied gespielt oder gesungen (P. Cocagnac, »Zachäus steig eilends...« AMS schwann studio 501 oder mono 15003). Zum Vorlesen bietet sich an: A. Pronzato, Unbequeme Evangelien, S. 153ff. Der Text muß jedoch gekürzt werden.
Wenn genügend Zeit ist, könnten kleinere Gruppen Spiele vorbereiten. Falls noch nicht geschehen: Inszenierung. Auch einen Brief könnte man »als Zachäus« an einen Freund schreiben. Vielleicht ver-

sucht sich eine Gruppe als Moritatensänger zum Thema: Ein Gauner wird umgekrempelt. Auch eine kurze Spielszene mit Handpuppen ist möglich.
Am Tisch genügt Wein und Weißbrot. Natürlich kann man auch ein kaltes Büffet vorbereiten. Viel Musik und fröhliche Stimmung gehören auf jeden Fall dazu.

Schritt 3: Anwendung auf mein Leben

Das Ziel der Bibelarbeit ist die Erfahrung jedes Teilnehmers: »Ich bin Zachäus.« Also gehört Umkehr dazu. Im Gespräch oder einer humorvollen Tischrede macht der Leiter darauf aufmerksam, daß Zachäus Konsequenzen aus seiner Erfahrung gezogen hat (V.8). Also müßten auch wir in dankbarer Freude mit den Armen teilen und wiedergutmachen, wenn wir andere übers Ohr gehauen haben. Eine Sammlung für einen ganz bestimmten Zweck zur Behebung von Armut und Not (am besten am Ort) beschließt die Tischrunde.

Lukanische Akzente in der Passionsgeschichte

Lukas 22,1 bis 23,56

Wie Lukas seinen Passionsbericht vorbereitet

Mit den Passionsgeschichten der Evangelien hat es seine eigene Bewandtnis. Die Konzentration des paulinischen »Evangeliums« und der vorpaulinischen Glaubensformeln auf das in Jesu Tod und Auferstehung offenbar gewordene Heil, das Gott dem Gläubigen ohne dessen eigenes Zutun gnädig und befreiend zuwendet, läßt erahnen, welche Bedeutung der Tod Jesu in den frühesten Gemeinden hatte. Deshalb kann es als gesichert gelten, daß dem ältesten Evangelium, dem des Markus, eine zusammenhängende Leidensgeschichte schon vorgegeben war. Sie wurde von Markus mit Blick auf die eigene Aussageabsicht bearbeitet und ergänzt. So weisen die konkurrierenden Zeitangaben über das Todesdatum Jesu (vgl. Mk 14,2 mit 14,12–16) u. a. auf eine Bearbeitung hin. Umstritten ist, ob Lukas der Passionsbericht des Markus oder ein von Markus teilweise unabhängiger, historisch zuverlässigerer Passionsbericht vorlag, der in einigen Punkten mit dem des Johannes-Evangeliums übereinstimmt. Vielleicht läßt sich das Problem lösen, wenn man beachtet, wie Lukas die Passion Jesu im Bericht über dessen öffentliches Wirken in Galiläa vorbereitet. Dabei lassen sich folgende Texte heranziehen: 9,22–27.31.44.51; 12,49f; 13,31–33; 17,25; 18,31–34; 20,20; 24,7.26f.46.

Lukas übernimmt die erste Leidensansage Mk 8,31 (par. Lk 9,22) fast wörtlich aus der Vorlage. Doch ist ihre Einordnung in den Kontext verändert. Bei Markus beginnt mit der Leidensvorhersage ein neuer Abschnitt. Er ist durch die bekannte redaktionelle Einleitungsformel »und er begann zu lehren« von dem vorhergehenden Jüngerbekenntnis bei Cäsarea Philippi abgesetzt. Bei Lukas sind beide Abschnitte zu einer Einheit verbunden. Aber aus dem markinischen Bekenntnis »Du bist der Christus!« ist Lk 9,20 eine persönliche Meinungsäußerung geworden (die Antwort des Petrus als syntaktisch von der Frage Jesu abhängiger Satz!). Sie ist noch vor Mißverständnissen ungesichert (vgl. z. B. 19,11). Die Jünger haben sie nämlich – wie der Vergleich mit 9,7–9 zeigt – aus dem Erlebnis des Brotvermehrungswunders abgeleitet. Ein Wunder aber kann bei Lukas wie bei allen Evangelisten keinen Glauben und mithin kein Bekenntnis wecken. Deshalb sollen die Jünger über ihre Meinung Stillschweigen wahren. Denn Jesus hat ihnen eine schwerwiegende Korrektur ihres Messiasbildes mitzuteilen: das Leiden des Menschensohnes. Nach Markus reagiert Petrus auf diese Information mit einem heftigen Tadel, der von Jesus ebenso hart zurückgewiesen wird. Bei Lukas fehlt diese Episode. Seiner Meinung nach darf Jesus gar nicht »offen« (gegen Mk 8,32) zu den Jüngern über sein bevorstehendes Leiden sprechen, weil es ihnen ein unverständliches Geheimnis bleiben soll. Deshalb protestiert auch Petrus nicht. Er konnte nämlich die Leidensansage noch gar nicht verstehen. Aber der Fortfall der Petrusszene bei Lukas bringt es mit sich, daß nun auf die Leidensvorhersage direkt die Nachfolgeworte folgen. So ist die Nachfolge der Jünger eng mit dem Leidensweg Jesu verknüpft. Für Jesus wie für die Jünger gilt: Nur der Durchgang durch das Leiden ermöglicht den Eingang in das Reich Gottes durch die Auferstehung (vgl. 9,22.27 mit 24,26 und Apg 14,22). Diese Aussage hat ihre Parallele in der lk. Passionsgeschichte. Simon von Kyrene (23,26; anders Mk 15,21) trägt den Kreuzesbalken beispielhaft hinter Jesus her.

Der lk. Aussagekomplex wird in der Verklärungsperikope 9,28–36 weiter entfaltet. Während Jesus auf dem Berg der Verklärung betet und die drei Apostel schlafen, erfährt er von den himmlischen Boten Mose und Elija, was sich »in Jerusalem erfüllen« werde (V.31): sein Exodus, d. h. sein Ausgang. Damit stellt der Evangelist klar, wie er das Leiden versteht: Jesus scheidet mit seinem Tod in Jerusalem aus diesem Äon aus, um im ewigen Platz zu nehmen. Die Jünger mit ihrem Vorschlag, hier drei Hütten zu errichten, wollen die Herrlichkeit Jesu an diese Welt binden. Mit ihrer Bitte geben sie zu erkennen, daß sie dem Leidens-Ausgang Jesu unverständig gegenüberstehen. Trotzdem werden sie einer himmlischen Stimme gewürdigt, die ihnen das Wesensgeheimnis Jesu offenbart und sie ermahnt, auf Jesus zu hören. Sie werden von Gott beauftragt, sich die Worte Jesu genau zu merken, obwohl sie über das, was sie gesehen und gehört haben, schweigen werden »bis zu den Tagen« (V.36), also bis zu einem für Lukas schon jetzt absehbaren Datum, nämlich bis Pfingsten (Apg 2). So sind die Apostel zu Zeugen des Wirkens Jesu in Wort und Tat von Gott bestimmt worden. Demnach läßt sich aus dem Kontext der ersten Leidensansage für das Leidensverständnis des Evangelisten folgendes ableiten: *1.* Das Leiden Jesu ist zu seinen Lebzeiten ein Geheimnis. *2.* Die Passionsaussagen bleiben selbst den Jüngern unverständlich. Sie sehen nur seine Herrlichkeit. *3.* Das Leiden Jesu steht im Zusammenhang mit der Jüngernachfolge: der Herr wie die Apostel gehen durch Leiden in die Herrlichkeit ein. *4.* Jesu Leiden und Auferwekkung nennt Lukas zusammen »Exodus«. *5.* Die Apostel haben die Funktion, Zeugen aller Ereignisse zu sein. Ihr Schweigen zu Lebzeiten Jesu wird zu einem bestimmten nachösterlichen Zeitpunkt beendet werden. Mit ihm beginnt die Missionsgeschichte der Kirche.

Der Befund wird durch die zweite und dritte Leidensansage (9,43–45; 18,31–34) bestätigt und ergänzt. Ausdrücklich hebt 9,45 das Jüngerunverständnis dem kommenden Leiden Jesu gegenüber hervor. Gleichzeitig aber wird es auf die Verhülltheit der Worte Jesu und auf den Plan Gottes zurückgeführt. Mit der überarbeiteten Einleitung V.44a (vgl. 9,35) spielt Lukas auf das Zeugenamt der Apostel (vgl. 24,7) an. Die dritte und ausführlichste Ansage betont wiederum im Unterschied zur Vorlage in V.34 das Unverständnis der Jünger. Neu ist der Gedanke, daß das Leiden Jesu die Schrift erfüllt (vgl. 22,37 mit 24,26.46).

Gegenüber Markus stellt der Evangelist die Mißhandlungen Jesu bei seiner Passion mehr heraus. An der Bearbeitung der drei Leidensansagen läßt sich die redaktionelle Tendenz bei der Interpretation des Leidens Jesu gut ablesen: Das markinische Messiasgeheimnis wird zu einem Leidensgeheimnis umgeformt. Die Passion des Menschensohnes (und nicht Jesu Messianität) ist bis zu seinem Tod ein von den Jüngern unverstandenes Geheimnis, das erst nach der Auferweckung von ihnen richtig verstanden wird (vgl. 24,13ff). Das Unverständnis der Jünger ist nicht mit einer heilsgeschichtlichen Verstocktheit vergleichbar, sondern ihr Unverstand gerade motiviert die Treue, mit der sie Jesus nach Jerusalem, der Stadt seines Ausganges (vgl. 13,33), folgen. Er erklärt auch die nachösterlichen vierzig Tage, in denen der Auferstandene sie über die Heilsnotwendigkeit seines Leidens aufklären muß. Auffallend ist noch der Textbefund, daß Lukas im Unterschied zur Vorlage die angeblichen Urheber der Ermordung Jesu, die »Hohenpriester, Schriftgelehrten und Ältesten«, unerwähnt läßt und konstant von dem »Ausgeliefertsein Jesu in die Hände der Menschen« spricht.

Diese lk. Passionsdeutung läßt sich noch mit Blick auf 17,25; 24,7 und 20,20 erhärten und mit den Passionsnotizen in der Apostelgeschichte bestätigen. Das redaktionelle Einsprengsel 17,25 in einen Q-Zusammenhang hebt die Ablehnung hervor, die Jesus in seinem Leiden erfährt. 24,7 weist auf die Leidensansagen insgesamt zurück. Der Auferstehungsengel weist die Frauen (vgl. 8,1–3), die Jesus die letzte Ehre erweisen wollten, auf das von ihm selbst in Galiläa Angesagte hin. Die Leidensansagen werden so zum Beleg dafür, daß Jesus in Jerusalem auferstehen mußte. Die Menschen, an die Jesus in seiner Passion ausgeliefert wurde, nennt der Evangelist nun »Sünder«. Das weist auf Apg 3,19 u. a. voraus. Die Umwandlung ermöglicht den Bußruf der Apostel an Israel, sich nach der grausamen Tat, die sie aus Unwissenheit (vgl. Apg 3,17) verbrochen haben, zum Messias Jesus zu bekehren. So werden nicht nur die Jünger, sondern in gewisser Weise auch die Jerusalemer Juden bis hin zu ihrer Obrigkeit entlastet. Die Ermordung Jesu geschah aus Unverständnis für den Heilsplan Gottes. Dieser aber war schon in der Schrift angelegt und von ihnen allen nicht verstanden worden. So schlägt 24,7 eine Brücke zwischen dem lk. Evangelium und der Apostelgeschichte. Der Vers ermöglicht (wie auch alle anderen Passionshinweise auf Fortsetzung in der Apg angelegt sind) die Fortsetzung der Heilsgeschichte. In ihr verkünden nun, nachdem das Leidensgeheimnis in Kapitel 24 gelöst wurde, die Apostel und Missionare als Zeugen Jesu dessen Messianität und Heilszusage für den, der glaubt, und rufen alle Welt zur Umkehr auf.

Anpassung der Markus-Vorlage

Auf dem Hintergrund, daß Lukas seine Passionsgeschichte vorrangig geprägt sah vom Leidensgeheimnis und beispielhaften Martyrium Jesu, lassen sich ein Großteil der Abweichungen von der Markus-Vorlage erklären. Wegen des Leidensgeheimnisses war Lukas z. B. gezwungen, die Geschichte von der Salbung Mk 14,3–9 aus seiner Passionsgeschichte zu entfernen und andernorts anzusiedeln (Lk 7,36–50). Die markinische Deutung der Salbung Jesu Mk 14,8 »sie hat im voraus meinen Leib für das Begräbnis gesalbt« widersprach nämlich seinem Leidensgeheimnis. Niemand, auch nicht die Frau, konnte Jesu gewaltsamen Tod vorausahnen. Ebenso war es ihm unerträglich, daß Jesus irgendwann das Leiden der Fürsorge für die Hilfsbedürftigen vorgezogen habe. Jesus bleibt auch in seiner Passion der wohltätige Heiland, der z. B. das abgeschlagene Ohr des Knechtes wieder heilt. Bei Markus fliehen auch alle Jünger nach der

Verhaftung Jesu. Er bringt ausdrücklich die Anekdote von dem jungen Mann, der sich nackt einer Verhaftung entzieht (Mk 14,51). Beide Hinweise fehlen bei Lukas. Sie widersprechen seinem Zeugenmotiv (vgl. Mk 15,40f mit Lk 23,42). Hinzu tritt noch das bekannte apologetische Motiv des Evangelisten, der sein Evangelium vor politischer Fehlinterpretation von Seiten der Römer schützen will. Wie Josef in der Vorgeschichte dem Befehl des Kaisers gehorcht und mit seiner schwangeren Verlobten nach Betlehem zieht, so werden in der Passionsgeschichte die Römer vor dem Vorwurf, sie hätte Jesus den Messias getötet, in Schutz genommen. Mehrmals betont nämlich Pilatus seine objektive Überzeugung, die er aber wegen einer subjektiven Schwäche nicht durchzusetzen vermag, daß Jesus in seinen Augen unschuldig ist. Deshalb entfällt auch die Verspottung (Mk 15,17-20a) durch die römischen Soldaten.

Gleichfalls aus lk. Vorstellungen lassen sich die Zusätze zur Kreuzigungsszene erklären. Nach der Kreuzigung bittet Jesus für seine Henker (23,34); obwohl in der Textüberlieferung nicht einheitlich bezeugt, kann diese Notiz auf den Evangelisten zurückgeführt werden. Er hat nämlich ein besonderes Interesse daran, Jesus als wohltätig bis zuletzt (vgl. 22,51) darzustellen. Trotz seines gewaltsamen Geschicks bleibt er seiner Sendung treu (vgl. 4,18f). Die Bitte des reumütigen Schächers (23,39–43), seiner zu gedenken, wenn Jesus in sein Reich komme, stimmt mit seiner Auferstehungsvorstellung überein, wie es auch der lk. Märtyrertheologie (vgl. Apg 14,22) entgegenkommt. Ihr entsprechend wird nämlich jedem, der sich reumütig bekehrt, direkt nach seinem Tod Heimstatt im Paradies gewährt. In die gleiche Richtung weist auch das von Markus abweichende letzte Wort Jesu (23,46): »Vater, in deine Hände lege ich meinen Geist (bzw. Seele).« Denn seiner Vorstellung nach trennen sich im Tod Seele und Leib voneinander (vgl. 8,55), um in der Auferstehung wieder miteinander verbunden zu werden. Gleichzeitig ruft das Sterbewort den Gehorsam Jesu Gott gegenüber (vgl. 4,1–13) ins Gedächtnis des Lesers zurück. Seit seiner Kindheit, wo er im Tempel seinem Vater diente (2,49), hat er den heilsgeschichtlichen, in der Schrift niedergelegten Willen Gottes (vgl. 4,18f mit 22,37) getreu erfüllt. So ist er in allen Versuchungen Gott (vgl. 22,28b) gehorsam geblieben. Er hat den Blutkelch (vgl. 22,42ff mit 12,50) genommen und bis zum bitteren Ende geleert. So sprechen viele Indizien dafür, daß Lukas keine Sondertradition in sein Evangelium als Passionsbericht eingearbeitet, sondern nur die Markus-Vorlage seinen Vorstellungen angepaßt hat.

Dafür spricht auch die bewußte Gliederung der Passionsgeschichte. Obwohl Jesus schon 19,45 den Tempel in Jerusalem betritt und damit der »Ausgang« beginnen kann, eröffnet Lukas seine eigentliche Passionsgeschichte erkennbar mit 22,1 (par.

Mk 14,1f). Auf dieselbe Weise wie er im öffentlichen Wirken Jesu die Bedeutsamkeit einer heilsgeschichtlichen Situation mit einem (eigentlich als Zeitbestimmung zu verstehendem) »Heute« (vgl. 4,21 u. a. mit 23,43) markiert hatte, so wählt er in der Passionsgeschichte den Begriff der *Stunde.* Der *vorletzten Stunde* in Jerusalem (vgl. 22,14 mit 22,53), die vom Paschamahl gekrönt ist, steht die *letzte Stunde,* die *Stunde der Finsternis* gegenüber. So ist die lk. Passionsgeschichte zweiteilig. Dem Passionsbericht entsprechend steht die *Stunde der Finsternis* im Mittelpunkt. Deshalb stellt der Evangelist der Stunde des Paschamahls die Schilderung des Verrates durch Judas, einen von den Zwölfen, voran. Jener fällt der Versuchung Satans anheim. Er verrät als dessen Werkzeug Jesus an die Jerusalemer Obrigkeit. Die letzte Stunde Jesu ist so die *Stunde Satans.* Er hatte nach 4,13 zeitweilig von Jesus abgelassen. Jetzt aber holt er zum tödlichen Streich aus, um den zu vernichten, der ihn in seinem öffentlichen Wirken so erfolgreich, tatkräftig und souverän (vgl. 4,31ff) bekämpft hatte. Auf diesem Hintergrund ist die gesamte Passionsgeschichte des Lukas zu lesen. An dieser Stelle kann aber nur der erste Teil, die *vorletzte Stunde,* behandelt werden.

Die Verschwörung (22,1–6)

Die Perikope, die Lukas in Anlehnung an Mk 14,1f.10f frei gestaltet hat, hat im Rahmen der lk. Leidensgeschichte insofern eine zentrale Funktion, als sie letzthin die Voraussetzungen beschreibt, die zu Jesu Ermordung führen. Lukas setzt zuerst das Todesdatum und die Art und Weise fest, auf die Jesus »in die Hände der Menschen« überliefert wird. Er hat kein exaktes Wissen mehr davon, daß das Pascha und die »Tage des ungesäuerten Brotes« (vgl. 3 Esr 1,19) ein Doppelfest waren. Konsequenterweise beseitigt er die für ihn unklare Datierung Mk 14,1f. So wird das Paschafest zum eindeutigen Datum des Todes Jesu. Für ihn ist es ein eintägiges Fest (was den Tatsachen widerspricht), das nicht mit dem Essen des Lammes beginnt, sondern beschlossen wird. Nach dieser Korrektur kommt Lukas auf die Verlegenheit der Hohenpriester und Schriftgelehrten zu sprechen, die zwar schon lange Zeit hindurch die Ermordung Jesu planen (20,19), aber sie schrecken noch immer vor der letzten Konsequenz zurück, weil sie das Volk fürchten (vgl. 20,19; 21,38). Ihnen fehlt eine Vorstellung davon, »wie« (vgl. V.2 mit V.4) sie ihn wohl beseitigen könnten. Aus der Verlegenheit befreit sie Judas (V.6), in den Satan gefahren ist (V.3). Dieser hat ihn zum Abfall bewogen, so daß er zum Verräter wird. Für Lukas sind nicht so sehr Judas bzw. die Hohenpriester und Schriftgelehrten oder die Einwohner von Jerusalem die eigentlich Schuldigen am Tod Jesu, sondern Satan. Damit sind die »Juden« in Jerusalem in gewisser Weise entlastet. Sie dienen unbewußt Satan als Werkzeug. So haben die Mächte der Finsternis endlich ihre *Stunde* (22,53).

Das Paschamahl (22,7–23)

Lukas greift hier stärker auf die Vorlage Mk 14,12–17.22–25 (V.20f sind hinter V.22–25 gestellt) zurück. Trotzdem bearbeitet er die Szene von der Zurüstung des Paschamahls (V.7–14) ebenso konsequent wie die Mahlszene selbst (V.15–19a) und wie die Aufdeckung des Verrats (V. 21–23). Nach ihm geht die Initiative, das Paschamahl gemeinsam zu essen, nicht von den Jüngern, sondern von Jesus selbst aus. Er gestaltet seine letzte Stunde selbst und verfällt nicht wie in der Vorlage mehr oder minder einer Passivität. Lukas kann auch die Szene von der Enttarnung des Verräters an dieser Stelle nicht dulden (vgl. Mk 14,18ff). Für ihn soll Jesus mit seinen Jüngern ein Paschamahl feiern (V.14). Jeder Einschub zwischen Zurüstung und Mahl aber würde diesen Gedanken verwischt haben. Deshalb korrigiert er hier die Vorlage. Der Schlußvers der Zurüstungsperikope (V.14) schließt nun harmonisch an die Paschamalszene an.

Der folgende Bericht hat eine so starke Bearbeitung erfahren, daß er bis heute selbst textkritisch noch umstritten ist. Bis zum 2. Weltkrieg hatte sich die Meinung durchgesetzt, der Kurztext V.15–19a habe – obwohl schlechter bezeugt – als schwierigere Lesart den Vorrang gegenüber dem Langtext V.15–20. Heute tendiert die opinio communis genau in die entgegengesetzte Richtung. Doch nimmt man die redaktionelle Tendenz ernst, Lukas arbeite konsequent auf ein Paschamahl hin und stelle den Einsetzungsbericht des christlichen Abendmahls zugunsten einer eschatologischen Aussage ein wenig zurück (vgl. die Verdoppelung des »eschatologischen Ausblicks« V.16.18), dann ist es textgeschichtlich wohl wahrscheinlicher, daß spätere christliche Abschreiber, denen man sicherlich ein weit größeres Interesse an den Einsetzungsworten des Abendmahles als Lukas nachsagen kann, die lk. Fassung mit den übrigen Textzeugen zu harmonisieren versuchten.
Dafür spricht dreierlei: *1.* V.21 schließt besser an V.19a als an V.20 an; *2.* Lukas spricht nirgendwo sonst in seinem Doppelwerk über die Sühne als Sinn des Todes Jesu; *3.* Ebenso meidet er den Bundesgedanken. Wenn er auf ihn anspielt, meint er nicht den Mosesbund, sondern den universalistisch (d. h. auch die Heiden umfassend) deutbaren Abrahamsbund. Darüber hinaus billigt er auch der Feier des Abendmahls in der Apostelgeschichte nicht das Gewicht zu, wie sie es in unseren Augen verdient. Er spricht zwar mehrmals vom »Brotbrechen«, gibt aber keinen ausführlichen Bericht über das Mahl, den es wohl als ein Mittelpunkt christlichen Gemeindelebens verdient hätte.

So spricht einiges dafür, daß – jedenfalls redaktionskritisch betrachtet – dem Kurztext (V.15–19a) der Vorzug zu geben ist. Er ist gegenüber dem vierteiligen Abendmahlsbericht des Markus nun fünfteilig: *1.* die Einleitung V.15; *2.* der erste »eschatologische Ausblick« V.16; *3.* das Kelchwort V.17; *4.* der zweite »eschatologische Ausblick« V.18; und *5.* das Brotwort V.19a. Gegenüber der Vorlage fällt die Voranstellung des Kelchwortes und die Verdoppelung des »eschatologischen Ausblicks«

besonders auf. Auch die Einleitung ist erkennbar neu formuliert. Aber alle Änderungen lassen sich aus der redaktionellen Aussageabsicht ableiten. In der Einleitung V.15 erinnert Jesus nach Lukas vorrangig an zwei Sachverhalte: Jesus selbst will mit seinen Aposteln das Paschamahl halten. Dies geht nach 22,7ff auf seine Initiative zurück. Außerdem ist das Mahl das letzte vor seinem Leiden. Aber dem Leiden stehen nach Lukas die Apostel von Anfang an unverständig gegenüber. Die Bedeutung der Passion für Jesu Eingang in seine Herrlichkeit ist ihnen noch verhüllt. Mit Hilfe des ersten eschatologischen Spruchs läßt sich aber der Zusammenhang zwischen Leiden und Auferweckung in Herrlichkeit den Aposteln im Vorgriff trotz ihres Unverständnisses einschärfen (vgl. 19,11). Darum wiederholt der Evangelist den eschatologischen Spruch mit anderen Worten in V.18, der nun das Kelchwort begründet. Zugleich betont er mit V.18 wie im vorangegangenen Vers (»nehmt ihn und verteilt ihn unter euch«) den Gemeinschaftscharakter des Mahles. Indem er Jesus vom »Kommen der Herrschaft Gottes« sprechen läßt (anders Mk 14,25), stellt er klar, daß sie nicht ein ferner, ein für jedermann unerreichbarer Ort ist, zu dem Jesus nun geht, sondern das Reich nähert sich weiterhin. Auch die Apostel sind zum eschatologischen Mahl im Reich geladen. Sie werden nämlich von dort aus (vgl. 22,29f) die zwölf Stämme Israels richten. So wird das letzte Paschamahl Jesu bei Lukas ein Abschiedsessen mit seinen Aposteln. Er verspricht ihnen, daß er sie beim Kommen des Reichs zum eschatologischen Mahl laden wird, wenn sie der Tischgemeinschaft treu bleiben. Noch einmal versucht er ihnen zu erklären, daß das Leiden zum Kommen des Gottesreiches gehört, an dem sie ebenfalls Anteil haben sollen.

Aber die Enttarnung des Judas, mit der die Mahlszene schließt, stellt klar, daß nicht alle Zwölf das Reich erben werden. Einer ist unter ihnen, der – von Satan angestiftet – Jesus verraten und der Schrift gemäß (V.22) in die Hände der Menschen ausliefern wird. Mit der Umstellung der Enttarnungsszene hinter das eigentliche Paschamahl schafft der Evangelist wie in V.14 einen Anlaß zu den nun folgenden Tischgesprächen. Der Streit (V.23) darüber, wer der Verräter sei, leitet zu einem weiteren Streitpunkt unter den Aposteln über.

Das Tischgespräch (22,24–38)

Das Tischgespräch Jesu behandelt vier Themen: *1.* Der Rangfolgestreit (vgl. 9,46ff) unter den Aposteln (V.24–27) wird mit Blick auf das vorbildhafte Verhalten Jesu entschieden. Jesus ermahnt die Apostel als die Führer der Jünger sich wie Diener und nicht wie Herren zu benehmen. Dabei

(V.25) mildert Lukas aus schon bekannten, apologetischen Gründen das Urteil über die weltlichen Machthaber erheblich ab. Aus einer herben Kritik an ihnen (vgl. Mk 10,42f) wird bei ihm ein Erfahrungsbericht, dem jeder mehr oder minder zustimmen konnte.
Der als Mahnung ausgearbeiteten Dienstanweisung an die Apostel folgt *2.* die Verheißung (vgl. dasselbe Schema in Lk 24,46; Apg 2,38; 3,19.26 u. a.), daß sie als die in den Versuchungen Jesu Getreuen mit ihm das Reich erben werden. Dort wartet auf sie eine neue Funktion: Als eschatologische Richter werden sie über die zwölf Stämme Israels zu Gericht sitzen. In diesem Zusammenhang hebt der Evangelist die volle Verfügungsgewalt Jesu über die Herrschaft Gottes hervor, indem er ihn von »seinem Reich« (V.30) sprechen läßt.
Ohne erkennbare Überleitung folgt der Verheißung *3.* in V.31–34 die Ankündigung der Versuchung (nicht: Abfall!) des Petrus (anders Mk 14,26–31). Damit wird dieser aus dem Kreis der übrigen Apostel positiv wie negativ herausgehoben. Dies geschieht bei Lukas häufig. An Petrus verdeutlicht der Evangelist, wie man Versuchungen des Satans widerstehen kann. Satan versucht – stellvertretend für alle Apostel – neben Judas auch ihn zum Abfall zu bewegen. Aber man weiß aus dem Doppelwerk, daß ihm das nicht gelingt. Denn Jesus hat für ihn gebetet. Das Gebet ist das Mittel, das in Versuchungen schützt und hilft (vgl. 18,1–8; 22,40.46; Apg 4,24–30). Die Fürbitte Jesu galt aber auch der zukünftigen Stellung des Petrus innerhalb einer brüderlichen Gemeinde (im Gegensatz zu einer hierarchischen: vgl. V.24ff!): er soll seine Brüder stärken. So stellt Lukas klar, daß es für ihn keinen Abfall des Petrus geben wird. Satan wird ihn eben nur versuchen. Die Verleugnung des Petrus bezieht er (anders Mk 14,29) auf dessen »trotzige« Bereitschaft, mit Jesus das Gefängnis und den Tod zu teilen (V.33). Ihr kann Petrus jetzt, in der Passion Jesu, noch nicht gerecht werden. Sein Versprechen aber löst er in der Apostelgeschichte ein (vgl. Apg 5,18ff; 12,4ff).
Auf die Ankündigung der satanischen Versuchung folgt *4.* als letztes Thema, was aber schon vorher mitangeklungen war, das der Zurüstung der Apostel für die Zeit der Finsternis. Der Rückverweis auf die Aussendung der Jünger zur Zeit des öffentlichen Wirkens Jesu ermöglicht dem Evangelisten, dem Leser und (innerhalb der Erzählung) den Jüngern den Wandel der Situation vor Augen zu führen. Jesus muß seine damaligen Anweisungen angesichts der neuen Lage widerrufen. Die neue Anweisung wird mit Hinweis auf die Schrift begründet: Jesus muß unter die Verbrecher gerechnet werden (V.37). Theologisch ist an dieser Stelle interessant, daß nun, wie in 4,18f das öffentliche Wirken Jesu, die Passion ausdrücklich mit einem Schriftzitat im Schema von Verheißung und Erfüllung be-

legt wird. Jesu Sendung wie sein gewaltsames Geschick erfüllen den in der Schrift geoffenbarten Heilswillen Gottes. Kompositorisch bereiten die Verse die Gefangennahme vor. Denn dort werden die hier erwähnten Schwerter (vgl. V. 38 mit 49–51) noch eine Rolle spielen.
Mit dem Tischgespräch Jesu bei dem Paschamahl verfolgt der Evangelist die Absicht, die Bedeutung der Passion Jesu für die Apostel aufzuzeigen. Wenn sie sich so verhalten, wie er es ihnen geboten hat, werden sie sein Reich erben. Sie sollen deshalb ihren Brüdern dienen. Petrus soll alle stärken, und sie müssen beten, wie Jesus um letzteren gebetet hat, damit sie nicht der satanischen Versuchung erliegen. Die Nöte der Zeit verlangen, in seinen Mitteln flexibel zu bleiben. Eine letztgültige Verhaltensnorm will ihnen Jesus nicht geben. Aber seine Jünger sollen der Schicksalsgemeinschaft mit ihm gewiß sein. Denn nur durch viele Drangsale werden sie seiner Herrlichkeit teilhaftig (vgl. Apg 14,22).

Die Ölbergszene (22,39–53)

Gemäß der markinischen Perikopenfolge schließt sich an das Mahl in Jerusalem die Darstellung von Gebet und Gefangennahme Jesu (par. Mk 14,32–52) an. Bei Lukas aber bildet sie kompositorisch den Übergang zwischen der »Stunde« Jesu beim Paschamahl und der »Stunde der Finsternis«, der Passion Jesu im strengeren Sinn. Daher hat sie der Evangelist stark bearbeitet. Der lk. Darstellungsweise gemäß ergreift Jesus wiederum (vgl. V.7,14ff.21–31) die Initiative und geht seinen Jüngern, »wie er es gewohnt war« (vgl. 21,37), zum Ölberg voraus. Diesmal jedoch fordert er sie zum Gebet auf (anders Mk 14,32), damit sie nicht in Versuchung fallen (vgl. 11,4 mit 22,31f). Denn an diesem Ort wird Judas (V.47) ihn den Menschen überliefern.
Die Aufforderung zum Gebet (V.40.46) rahmt die eigentliche Gebetsszene Jesu. Denn er selbst ringt im inbrünstigen Gebet gegen die drohende Versuchung, den Kelch des Martyriums auszuschlagen. Aber wie Jesus es seinen Jüngern für ihre Verfolgungen in 21,12–19 vorausgesagt und versprochen hatte, so widerfährt es auch dem sich auf sein Martyrium vorbereitenden Bekenner: ein Engel Gottes steht ihm bei. Im festen Vertrauen auf die Treue Gottes kann er seiner Gefangennahme entgegensehen. Das Gebet hilft im Martyrium standhaft zu bleiben.
Dies will der Evangelist mit der eindrucksvollen Szene dem Leser sagen. Jesus ist das Vorbild, dem die Jünger nacheifern sollen (vgl. Apg 6,8ff). Wie Stephanus, der erste Märtyrer der Kirche, in der Nachfolge Jesu stirbt und die Verheißung Jesu sich erfüllen sieht, daß jedem Christen, der gewaltsam um seines standhaften Glaubens willen umgebracht wird,

der Himmel offensteht (Apg 6,15; 7,55), wo ihn Jesus empfängt (Apg 7,59f), so soll der Leser vom vorbildhaften Martyrium Jesu lernen, und Kraft und Hilfe gewinnen im Gebet. So gewinnt das vorbildliche Gebet Jesu das entscheidende Gewicht in der lk. Darstellung.
Dieser Aussageschwerpunkt gewinnt noch hinzu, wenn man bedenkt, daß Lukas das mehrmalige Kommen und Gehen Jesu (Mk 14,37–42) übergeht. Für den Evangelisten ist der Schlaf der Jünger V.45 auch kein Zeichen ihrer Schwäche (anders Mk 14,37.38b.40), sondern die Folge ihres Kummers (V.45). Sie sind betrübt, da sie den Weg Jesu jetzt noch nicht verstehen. Darum enthält auch die Frage Jesu »Warum schlaft ihr?« keinen Tadel wie in der Vorlage, sondern sie bereitet nun die Gefangennahme Jesu vor. Mit ihr beginnt die Stunde der Gefahren, von der sich die Apostel nicht im Schlaf überraschen lassen sollen. Festen Halt findet man in ihr nur im Gebet. Deshalb wiederholt er hier noch einmal die Gebetsaufforderung Jesu an die Jünger. Charakteristischerweise fehlt auch die Anspielung auf die Schwäche des Fleisches aus der Vorlage.
Die Gefangennahme Jesu (V.47–53) wird ebenfalls wie das gesamte vorherige Material der Vorlage überarbeitet (vgl. Mk 14,43–52). Nach der Vorbereitung in der Gebetsszene ist Jesus (wie die Jünger) gerüstet für die »Stunde der Finsternis«. Für Lukas bleibt Jesus auch bei seiner Gefangennahme Herr der Situation. Diese wird in einer dreiteiligen Szenenfolge geschildert. Von der Judasszene (V.47f) ausgehend steigert sich die Komposition über die Schwertepisode (V.49–51) hin zu ihrem Höhepunkt: der Konfrontation Jesu mit der jüdischen Obrigkeit (V.52f). Die Einzelszenen werden gegenüber Markus behutsam, aber nichtsdestoweniger kennzeichnend für Lukas überformt.
Wie bei Markus tritt Judas auf den Plan, während Jesus noch zu seinen Jüngern spricht (par. Mk 14,42). In der Vorlage fordert jener gerade die Jünger auf, mit ihm dem Verräter entgegenzugehen. Bei Lukas hält Jesus sie aber zum Gebet um Standfestigkeit in der Versuchung an (V.46). Demnach ist Jesus für sein Leiden gerüstet und auch die Jünger sind bereit, da sie nun ausdrücklich um die Hilfe wissen, die ihnen das Gebet in Versuchungen gewährt. Das Eintreffen des Judas wird ebenfalls ein wenig abgewandelt erzählt. Nun trifft zuerst eine »Menge« ein. Danach erst wird der »vorangehende« Judas erwähnt. Dieser nähert sich Jesus, um ihn zu küssen. Aber dazu kommt es dann nicht. Judas ist bei Lukas eben nur der »Pfadfinder« für die, die Jesus festnehmen werden (vgl. Apg 1,16). Denn er ist es, der die Lebensgewohnheiten Jesu und seinen Aufenthaltsort kennt (22,39; 21,37f). Jesus aber durchschaut souverän die Lage. Er weiß nämlich, daß der Menschensohn mit einem Kuß verraten werden soll, und kommt ihm zuvor.

Als seine Begleiter merken, was sich über Jesus zusammenbraut, fragen sie ihn, ob sie mit dem Schwert dazwischenschlagen sollen (vgl. V.35–38), um den Verräterkuß zu verhindern. Einer unter den Jüngern wartet die Antwort Jesu nicht ab und schlägt – Jesu Anweisung in V.35–38 wörtlich nehmend – dem Knecht des Hohenpriesters das rechte Ohr ab. Jesus aber möchte sich seiner Auslieferung gar nicht entziehen. Das belegt seine Antwort in V.51. Jesus beseitigt sofort die ernsten Folgen der Verletzung, indem er den Knecht heilt. So erweist er sich in seiner letzten freien Stunde noch als der, der er immer war: der wohltätige Heiland. Souverän meistert er die Situation und bleibt sich selbst treu.
Auf die Schwertepisode folgt der Höhepunkt der gesamten Komposition. Jesus wendet sich an die, die mit der Menge zu ihm gekommen sind. Diese sind (historisch ganz unwahrscheinlich) die Hohenpriester, die Hauptmänner der Tempelwache und die Ältesten. Die Gruppe ist mit der in den Leidensansagen und den entsprechenden Predigtstücken der Apostelgeschichte (s.o.) genannten jüdischen Obrigkeit identisch. So vollendet sich hier für Lukas das in 22,1–6 geschmiedete Komplott. Denn dort wurde zwischen den Parteien abgemacht, daß Judas ihnen Jesus übergeben werde. Der Vertragspunkt ist somit erfüllt. So wird für Lukas Jesus mit der jüdischen Obrigkeit direkt konfrontiert. Die »Stunde der Finsternis« ist hereingebrochen. Satan hat sein Ziel erreicht. Sie alle sind zu seinen Handlangern geworden. Indem er Jesus dies ihnen vorhalten läßt, charakterisiert der Evangelist ihn als den, der die Lage durchschaut. Er liefert sich dem göttlichen Willen gehorsam selbst freiwillig aus. Deshalb heißt es – fast im nachhinein – in V.54a: »und sie nahmen ihn fest«.
Der erste Teil der lk. Passionsgeschichte bestätigt also die allgemeine Tendenz der Bearbeitung. Jesus ist der Souverän, der um das Komplott Satans mit der jüdischen Obrigkeit in Jerusalem weiß. Dennoch stellt er sich ihnen freiwillig, weil er sich dem Willen Gottes gehorsam beugt. Sein Leiden ist ein beispielhaftes Martyrium. Das Leben des Gerechten (23,47) und immer Wohltätigen wird vom Martyrium gekrönt (vgl. Apg 7; 14,22). Gott aber läßt ihn eingehen in die Herrlichkeit und überträgt ihm die volle Verfügungsgewalt über das Reich. So vollendet sich sein Ausgang in Jerusalem.
Jesu Standhaftigkeit im Martyrium (vgl. V.40–46) soll nicht nur den Jüngern in ähnlicher Situation als Vorbild, sondern auch dem Leser als Rat dienen, wie er – nun ohne Jesus – sowohl ihm wie auch seinem Glauben loyal bleiben kann: durch das inständige Gebet. Sind sie aber alle standhaft und haben sich von Satan »sieben« lassen, werden sie wie die Apostel als Jünger mit Jesus in seinem Reich das neue, ewige Pascha feiern.

Praxis

Thema: Passion Jesu

Die Gliederung dieses langen Textes ist aus der Exegese zu ersehen. Man wird sich auf einen Abschnitt beschränken und an einem Abend nur mit diesem Textteil arbeiten. Aber man kann auch einmal anders mit diesem Kapitel umgehen und bei einem Wochenende oder auch an einem Abend in der Passionszeit den ganzen Text verwenden.

Vorschlag A: Vier Texte

1. Der Leiter hat auf 4 Zetteln je einen der folgenden Texte geschrieben:

Verschwörung	Lk 22,1–6
Mahl	Lk 22,7–23
Tischgespräch	Lk 22,24–38
Gefangennahme	Lk 22,39–53

Jede Kleingruppe erhält einen Zettel mit einem Text. Ist die Gruppe groß, so können auch zwei Gruppen am gleichen Text arbeiten. Dies bewährt sich besser als zu große Gruppen.
Dann bittet der Leiter die Gruppen, zuerst den Text gemeinsam zu lesen. Dann sollte jeder in einer Stille von ca. 10 Minuten diesen Text für sich bedenken und zwar mit den Fragen: Was bewegt mich, wenn ich diesen Text lese? Welche Fragen tauchen auf? Welche Impulse gibt mir der Text? Die Gruppen haben dann Zeit, sich auszutauschen.
2. Im Plenum wird der Text »Die Verschwörung« (22,1–6) vorgelesen. Dann berichtet diese Gruppe unter den Aspekten: Was war uns wichtig, und was wollen wir den anderen sagen? Was wollen wir die anderen fragen?
Der Leiter wird sich im Blick auf Fragen aus den Gruppen gründlich mit dem Text beschäftigen. Dann fällt es ihm auch leicht, zu ergänzen, das Gespräch auszuweiten, wenn der Bericht aus der Gruppe etwas »dünn« ausfällt.
Zum Abschluß des ersten Textes kann ein Passionslied und ein Gebet folgen.
Dann wird der zweite Text gelesen, aus der Gruppe berichtet, in der Gesamtgruppe darüber gesprochen und wieder mit Lied und Gebet abgeschlossen.

Es folgen Gruppen 3 und 4. So kann eine Gruppe oder ein Hauskreis den Weg Jesu mitgehen, miterleben in einer einfachen aber eindrücklichen Form.
Ostertexte eignen sich ebenfalls für diese Art des Vorgehens.

Vorschlag B: Das Mahl (22,7–23)

1. Der Text wird gelesen und vom Leiter ausgelegt. Sicher sind dann Fragen da, und vielleicht entwickelt sich schon an dieser Stelle ein Gespräch.
2. Sonst kann jeder für sich über die Frage nachdenken: Welche Erfahrungen habe ich mit dem Abendmahl bis heute gemacht? Was bedeutet es mir?
3. Daraus ergibt sich sicher ein Plenumsgespräch mit Impulsen und Vorschlägen für die Gemeinde und den einzelnen.
4. Ein Bild zum Thema: Roland P. Litzenburger hat ein Bild vom Abendmahl gemalt. Dieses kann auch für sich verwendet oder hinzugefügt werden (Bezugsquelle siehe Anhang). Dieses Bild stellt die Gemeinschaft beim und durch das Mahl heraus. Unterschiedliche Menschen, *eine* Gemeinde, verbunden durch Christus.
Bei einer Bildbetrachtung ist es wichtig, daß jeder einzelne genug Zeit hat, sich mit dem Bild einzulassen. Stichworte aufschreiben ist für viele eine Hilfe beim nachfolgenden Gespräch.
Fragen: Was sehe ich? – Wie würde ich das Bild nennen? – Was fällt mir dazu ein? – Was sagt mir das Bild?

Vorschlag C: Das Tischgespräch (22,24–38)

Dieses Gespräch Jesu erinnert an die Abschiedsreden. Jesus befaßt sich dabei noch einmal mit dem Konflikt, der immer wieder unter den Jüngern aufbrach: Wer ist der Größte? Er weist darauf hin, daß sein eigenes Leben und Dienen das Maß gesetzt hat und diese Frage nur so zu klären ist. In der zweiten Szene redet er vom Platz der Apostel in seinem Reich. Das dritte Thema ist Petrus. Jesus nimmt Stellung zu seinem Auftrag, zu seinem Leben und Glauben, und auch zur Versuchung, der die Jünger ausgesetzt sind.
Und dann redet Jesus wieder einmal über Jüngerschaft. Kein leichtes Leben wird dem Jünger verheißen. Aber er wird geborgen sein in der Finsternis, in Zeiten und Geschehnissen, die er nicht verstehen kann – und wird dabei keinen Mangel haben. Bei welchem Akzent sich eine Gruppe ansiedeln will, das wird der Leiter sorgfältig beach-

ten und nicht seine Lieblingsidee durchsetzen wollen.
1. Der Text wird gemeinsam gelesen, und der Leiter kann einige einführende Worte sagen.
2. Dann bittet er die Gruppenmitglieder, sich dieses letzte Gespräch Jesu unter der Frage anzusehen: Was ist mir am wichtigsten, wo würde ich gerne noch mehr von Jesus zu diesem Thema hören? Diese Zeit der Stille sollte nicht zu kurz bemessen sein. Gruppen sind allerdings sehr unterschiedlich, und es ist zu erspüren und zu beobachten, wann abgebrochen wird.
3. In Kleingruppen mit 5–6 Teilnehmern wird nun über den Textteil gesprochen, der diesen Gruppenmitgliedern am wichtigsten ist. Hier werden Erfahrungen ausgetauscht, Fragen gestellt, Meinungen abgewogen.
4. In einem abschließenden Plenum könnte man die Fragen stellen: Was wollt ihr den anderen sagen? Was wollt ihr die anderen fragen?

Das Erkennungszeichen des Auferstandenen

Lukas 24,13–35

Das Thema der Ostererzählungen

Die lk. Ostergeschichte im weitesten Sinn umfaßt nicht nur Lk 24, sondern auch Apg 1, bis mit Pfingsten die Mission der Kirche endgültig beginnt. Dazu leitet Apg 1,12–26 über. Die Nachwahl des Matthias bereitet die Mission der Apostel und Missionare vor. Alle anderen Abschnitte (Lk 24,1–12.13–35.36–43.44–53; Apg 1,1–11) sind durch *ein* Thema inhaltlich miteinander verbunden.

Es wird zum erstenmal in 24,3.4a (vgl. V.23) ausdrücklich genannt: Die zum Grab geeilten Frauen finden *den Leib* des Kyrios (Herrn) Jesus nicht und sind darüber *ratlos.* Der Evangelist zeigt mit den verschiedenen Einzelgeschichten auf, wie seiner Meinung nach die körperliche Auferstehung von den Toten möglich und unser aller Hoffnung in der Auferwekkung Jesu grundgelegt ist. Sehr deutlich wird er bei seiner Himmelfahrtepisode, die er in der Apostelgeschichte bewußt wiederholt, um seine beiden Bücher untrennbar redaktionell zu verklammern. Mit dem Rückgriff auf das Entrückungsmotiv, das auch seinen hellenistischen Lesern (vgl. Chariton, De Chaerea et Kallirhoe 3,3) verständlich war, verdeutlicht er, wie überhaupt eine leibhafte, wenn auch verklärte, himmlische Existenz denkbar ist. Dabei kommt er ihrem Glauben von der Unsterblichkeit der Seele insofern entgegen, als er mit seinen Lesern gleichermaßen davon ausgeht, daß die Seele sich im Tod (8,55; 23,43) vom Körper, der allein bestattet wird, löst. Sie vereinigt sich aber in der Auferstehung wieder mit dem verklärten Leib. Besonders die zweite Erscheinungsepisode (24,36–43) hebt diese volle körperliche Existenzweise Jesu nach seiner Auferweckung hervor. Sein Auferstehungsleib ist betastbar, aus Fleisch und Knochen (V.39). Der Auferstandene demonstriert seinen ungläubigen Jüngern sogar, daß er zu essen vermag (V.43). Somit verfällt Lukas keinem gnostisch-doketischen Verständnis von Erlösung, das das Heil in der Lösung der leibbefreiten Seele aus diesem bösen Äon (bzw. Welt) begründet sieht. Er hält an der urchristlichen Überzeugung fest, daß in der Auferstehung des Fleisches (vgl. Ignatius, Sm. 3,2; Justin, Dial. 80,5) der Wille Gottes sichtbar wird, die Welt und den Menschen als Ganzes und nicht nur die menschliche Seele zu erlösen.

Leidensgeheimnis und Realität der Auferstehung

Bevor Lukas auf sein in V.3f gestelltes eigentliches Thema zu sprechen kommen kann, hat er zwei Probleme zu lösen. Einmal muß er das durch die Auferweckung Jesu überholte Leidensgeheimnis lösen und gleichzeitig die Identität des Irdischen mit dem Auferstandenen sichern. Das erste Problem geht der Evangelist schon in der Grabesgeschichte (V.1–12) an. Die Frauen werden von den beiden Engeln belehrt, daß Jesus gemäß seiner eigenen, in Galiläa gemachten Vorhersage nach seinem Leiden auferstehen werde. Die Leidensweissagungen werden so zum Beleg für die Auferweckung Jesu. Doch die Jünger bleiben ungläubig und halten den Bericht, den ihnen die Frauen (vgl. 24,10 mit 8,1–3) über ihre Erlebnisse im leeren Grab geben, für leeres Weibergeschwätz. Nur Petrus eilt (V.12) zum Grab, findet den Bericht bestätigt und wundert sich über das sonderbare Ereignis. V.12 bereitet in gewisser Weise V.34 vor, wo indirekt berichtet wird, Jesus sei dem Petrus als erstem erschienen (vgl. 1 Kor 15,3–5).

Aber die eigentliche Lösung beider Probleme bringt der Evangelist in der berühmten Emmausperikope. Sie ist dementsprechend zweigliedrig. In der ersten Szene begegnet der leibhaftig auferweckte Jesus zwei ratlosen Jüngern als Fremder, als sie auf dem Weg nach Emmaus sind. Er erklärt ihnen mit Hilfe der Schrift, daß Jesus heilsgeschichtlich notwendig leiden mußte, um in seine Herrlichkeit gelangen zu können. In der zweiten Szene kehrt er mit ihnen ein, und sie erkennen ihn an seinem zu Lebzeiten so oft geübten »Brotbrechen«. Konsequent faßt Lukas beide Szenen in V.35 zusammen: »Sie erzählten, was sie *unterwegs erlebt* (V.13–28) und wie sie ihn *erkannt hatten, als er das Brot brach«* (V.29–33). Die erste Hälfte der Erzählung dient also erklärterweise der Enthüllung des Leidensgeheimnisses, die zweite der Identifikation: Der irdische Jesus ist mit dem Auferstandenen identisch. Er hat ja mit ihnen – wie vor Ostern – das Brot gebrochen, d. h. Tischgemeinschaft gepflegt, und mit ihnen gegessen (vgl. V.41–43).

Die unterschiedliche Funktion der beiden Szenen, die als Ringkomposition (V.13f par. 32f; 15 par. 31b; 16 par. 31a; 17 par. 28–30) miteinander verknüpft sind, wird an ihren unterschiedlichen Kernaussagen erkennbar. Die Verse 19–24.25–27 bilden den ersten, die Verse 30–32 dem zweiten Schwerpunkt. Mit den letzteren hat die Geschichte ihr Ziel erreicht. Denn auf den Schluß, die Erkennungsszene beim Mahl, ist die Erzählung ausgerichtet (vgl. V.32 mit 25–27).

Das Kreuzesrätsel

Im ersten Schwerpunkt kreist das Gespräch um die enttäuschten Hoffnungen der beiden Jünger. Ihre Reise nach Emmaus deutet Lukas offensichtlich dahin, daß sie sich aus der Jüngergemeinschaft Jesu lösen wollen. Sie können die Passion mit dem vorhergehenden machtvollen Wirken Jesu nicht in Einklag bringen. Ihre politische Erwartung, Jesus werde Israel aus den Händen der Kolonialmacht Rom befreien und die Gottesherrschaft errichten (vgl. 19,11.37f; 22,29f) ist unerfüllt geblieben. Selbst das seltsame Erlebnis der Frauen im Grab hat sie nicht nachdenklich gestimmt, sondern nur noch bestärkt, weil sie Jesus selbst eben nicht gesehen haben. (Dieser Zusatz in V.24 weist auf die Wiedererkennungsszene voraus. Sie werden erst dann glauben, wenn sie ihn leibhaftig gesehen haben.)

So kann Lukas den ersten Teil ganz dazu verwenden, Jesus das Kreuzesrätsel lösen zu lassen. Die Ansage, die alle Propheten seit Mose über den verheißenen Christus gemacht haben, enthält schon – so stellt Jesus klar – das Leidensmotiv: die Propheten haben auch dem letzten, messianischen Propheten ein gewaltsames Geschick vorausgesagt (vgl. 4,23ff). Der Schriftbeweis des Auferstandenen bestätigt nun die Erfüllung der Prophetie. Aber nicht nur das Leiden des Messias haben die Propheten angesagt, sondern auch dessen Auferstehung (V.26). V.27 nimmt mit »was über ihn (geschrieben ist)« die Wendung »das über Jesus« von V.19 wieder auf und erklärt so das dort geäußerte Mißverständnis als korrigiert. Die von den beiden Jüngern aufgeworfene Frage nach dem Sinn der Passion Jesu wird von diesem selbst in der nachösterlichen Gestalt des Auferstandenen mit dem Schriftbeweis im Schema von Verheißung und Erfüllung beantwortet: Jesus mußte durch sein Leiden in die Herrlichkeit eingehen (vgl. V.44–47).

Das Wiedererkennen

Der zweite Teil bringt die Wiedererkennungsszene. Sie löst die Probleme der Jünger endgültig. Denn sie erkennen Jesus am »Brotbrechen« wieder. Ihre Forderung, Jesus selbst zu sehen, ist erfüllt. Da Lukas der Einsetzung des christlichen Abendmahls in der Paschanacht nicht die Bedeutung zumißt, wie man sie heute erwartet, ist das »Brotbrechen« nur bedingt eine Chiffre für das Altarsakrament. Vielmehr legt V.29, der auf die Brotvermehrungsgeschichte 9,10ff anspielt, nahe, daß Lukas das Brotbrechen als Geste des brüderlichen Teilens mit jedermann versteht. Die Handlungsweise des irdischen Jesus, der mit Zöllnern, Sündern und Hungernden zu seinen Lebzeiten zu Tische saß, ist das Erkennungszeichen des Auferweckten. Er setzt die von ihm geübte Praxis auch als Auferstandener wie versprochen fort. Es kann kein Zweifel bestehen, was das für die Jünger wie für die lk. Gemeinde bedeutet: Erst das Handeln in der Nachfolge Jesu macht für Lukas den Christen zum wahren Christen. Nicht der, welcher immerfort »Herr, Herr!« sagt, sondern nur der, welcher sein Wort hört und tut, ist seiner würdig (6,46).

Praxis

Thema: Der gekreuzigte Jesus lebt und begegnet seinen Freunden

Ziel: Erfahren, daß Glauben in der Begegnung mit dem auferstandenen Herrn geschenkt wird, und handeln wie Christus, der sich im Teilen mitteilt

Mögliche Einstiege in das Thema

Obwohl die Perikope sehr bekannt ist, empfiehlt es sich, zu Beginn den gesamten Text in der Großgruppe vorzulesen. Die Teilnehmer werden gebeten, sich beim Zuhören mit allen Sinnen an der Erfahrung der Emmausjünger zu beteiligen, wobei sie sich am besten vorstellen, einer der beiden zu sein.
A. Ein Rundgespräch könnte sich sofort anschließen, wenn sich die Teilnehmer durch das Hören des Textes stark zu Äußerungen motiviert zeigen. Die Gruppe sollte dann jedoch nicht mehr als 15 Personen zählen. Zu beachten sind auch die »Voraussetzungen und Schwierigkeiten des Bibelgesprächs« (vgl. Praktische Bibelarbeit heute, S. 56/57).
B. Als Schlußvariante bietet sich beim Vorlesen des Textes an, V.29 etwa so abzuschließen: »Er aber ging weiter, während die zwei Jünger ins Haus traten« (vgl. Praktische Bibelarbeit, S. 76–78). In Gruppen mit ca. 4–6 Personen wird dann während 20 Minuten besprochen und erarbeitet, welche Konsequenzen ein solchen Abschluß der Perikope hätte.
Die Ergebnisse werden im Plenum vorgetragen. Dabei soll besonders herauskommen, daß die Erzählung so ihr Ziel nicht erreicht (vgl. die Exegese). Man kann die Kleingruppen auch selber Schlußvarianten suchen lassen, wenn die Teilnehmer darin Übung haben.

C. Die Arbeitsform der »Verswahl« (vgl. Praktische Bibelarbeit heute, S. 73ff) ist sehr geeignet, weil die Perikope ziemlich lang ist. Dazu werden Kleingruppen gebildet. Jeder Teilnehmer hat den Bibeltext mit den Versnummern übersichtlich geordnet zur Hand. Die Gruppen sollen sich einigen, welche Verse am wichtigsten sind, die Rangfolge durch Ziffern kennzeichnen und die Ergebnisse mit den Begründungen im Plenum vortragen.
D. Auch eine Inszenierung der Perikope bietet sich an, weil der Text eine dialogische Form hat. Dabei könnte auch der Vers 27: »Jesus legte ihnen dar, ausgehend von Mose und allen Propheten, was über ihn geschrieben steht«, konkretisiert werden. Dazu müßte sich der Jesus-Darsteller sehr gut anhand der alttestamentlichen Texte vorbereiten und diese zitieren.

Schritt 2: Erarbeitung der Kernaussagen im Plenum

Wenn die Kleingruppen die Ergebnisse ihrer Arbeit im Plenum vorgetragen haben, bzw. das Rundgespräch oder die Inszenierung gelaufen sind, geben wir zuerst allen Teilnehmern Gelegenheit, Fragen zum Verständnis des Textes zu stellen.
Dann demonstrieren wir (an der Tafel oder mit dem Tageslichtschreiber; sehr wirksam sind auch vorbereitete Kartons für das Flanelltuch) die einzelnen Phasen der Emmaus-Erzählung:

Jerusalem

↓	↑
Gespräch auf dem Weg	
Hinzukommen und Frage Jesu	Gemeinschaft im Glauben
Enttäuschung der Jünger	Bekenntnis des Glaubens
Unglaube trotz leerem Grab	Aufbruch der Jünger
Auslegung des AT durch Jesus	Brannte nicht unser Herz?
Erkennen beim Brotbrechen	

Emmaus

Im Gespräch erarbeiten wir, welches die Schwerpunkte des Textes sind, und unterstreichen diese. Es geht um die Frohe Botschaft, daß der gekreuzigte Jesus lebt und sich im Teilen des Brotes selber mitteilt. Glaube ist Selbstmitteilung Gottes, Geschenk Gottes.
Bei genauerem Hinsehen erkennt man auch eine verblüffende Ähnlichkeit der Perikope mit dem Verlauf eines christlichen Gottesdienstes: Die Gläubigen kommen aus der Not des Alltags, sind oft enttäuscht und entmutigt. Im Wortgottesdienst hören sie die Frohe Botschaft. Im Mahl, das Christus mit uns teilt, um sich mitzuteilen, wer-

den uns ganz die Augen geöffnet. Jeder Gottesdienst ist aber auch Sendung in den Alltag.

Schritt 3: Anwendung auf mein Leben

a) Die enttäuschten und entmutigten Jünger werden von Jesus unterwegs eingeholt. Der Glaubende ist immer unterwegs, immer auch Suchender. Wir können ein Rundgespräch halten (wenn die Gruppe nicht zu groß ist) mit dem Thema: »Was macht mir das Glauben und Hoffen schwer?« Wir wählen am besten die Form der themenzentrierten Interaktion nach Ruth Cohn (s. Anhang).
b) Jesus erschließt den zweifelnden Jüngern die Heilige Schrift. Suche ich Ant-wort auf meine Fragen in der Bibel? Spreche ich mit anderen über den Glauben, bekenne ich ihn? Welche Ereignisse und Menschen waren für mich entscheidend? Wann und wie hat Jesus mein Leben verändert? Was bedeutet für mich das Abendmahl, die Eucharistiefeier?
c) Die Emmausjünger behalten die Erfahrung mit Jesus nicht für sich. »Noch in derselben Stunde« brechen sie auf, um den Freunden von ihrer Begegnung mit dem Auferstandenen zu erzählen. Was heißt das für mich persönlich? (Vgl. Exegese, letzter Abschnitt).
d) Der Apostel Paulus hat den V.26 immer wieder für sein eigenes Leben in der Nachfolge Jesu angewandt (vgl. Röm 8,17; 2 Kor 1,5; 4,10; Phil 1,29; 3,10; Kol 1,24ff; 2 Tim 2,10–12). Wie stehe ich zum Leid in der Welt? Sehe ich darin einen Sinn oder verzweifle ich darüber? Gibt es eine andere Hoffnung und Lösung der Rätsel außer dem Kreuz Christi?
Zum Abschluß kann der Farbholzschnitt von Th. Zacharias »Der Gang nach Emmaus« (Kösel-Verlag, München) betrachtet werden. Die Gruppe sitzt im Halbkreis vor dem projizierten Dia (oder Poster). Ohne Wortmeldungen darf jeder (aber immer nur einer) sagen, was ihm einfällt, was er sieht, welche Assoziationen ihm kommen. Als Lied ist der Kanon »Herr, bleibe bei uns«, als Schallplatte »Antwort auf alle Fragen« (17cm, Electrola E 22073) geeignet.

Literaturnachweis

Literatur zur Auslegung

Kommentare

Ernst, J., Das Evangelium nach Lukas. Regensburger Neues Testament. Regensburg [5]1977

Schneider, G., Das Evangelium nach Lukas. Ökumenischer Taschenbuch-Kommentar zum Neuen Testament 3/1 und 3/2. Gütersloh und Würzburg 1977

Untersuchungen

Brown, R. E., The Birth of the Messiah. London 1977

Busse, U., Die Wunder des Propheten Jesus. Forschung zur Bibel 24. Stuttgart [2]1979

Busse, U., Das Nazaret-Manifest Jesu. Stuttgarter Bibelstudien 91. Stuttgart 1978

Hoffmann, P., Studien zur Theologie der Logienquelle. Neutestamentliche Abhandlungen NF 8. Münster 1972

Schottroff, L., und *Stegemann, W.,* Jesus von Nazareth, Hoffnung der Armen. Urban TB 639. Stuttgart 1978

Rese, M., Die »Stunde« Jesu in Jerusalem. Unveröffentlichte Habilitationsschrift Münster 1968

Arbeitsmittel zum synoptischen Vergleich

Luther Evangelien-Synopse, hrsg. von C. H. Peisker, Oncken, Kassel [2]1968

Patmos-Synopse, hrsg. von F. J. Schierse, Patmos, Düsseldorf 1968

Schmidt, Josef, Synopse der drei ersten Evangelien mit Beifügung der Johannes-Parallelen, Pustet, Regensburg [7]1977

Synoptisches Arbeitsbuch zu den Evangelien, bearbeitet und übersetzt von Rudolf Pesch, Benzinger/Gütersloher Verlagshaus 1980

Zürcher Evangelien-Synopse, hrsg. von C.H. Peisker, Oncken, Kassel [15]1972

Literatur zur Methode

Cohn, Ruth, Das Thema als Mittelpunkt interaktioneller Gruppen. Eine Modifikation gruppentherapeutischer Technik zum Zwecke der Füh-

rung von Erziehungs- und anderen Kommunikationsgruppen in: Gruppenpsychotherapie und Gruppendynamik 3 (1969/70) 251–259
Erl, W./Gaiser, F., Neue Methoden der Bibelarbeit. Vom Anti-Gleichnis zum Zeitungsbericht, Katzmann, Tübingen [5]1974
Hegele, Günter, Jesus – Programm des Glaubens. Ein Traktat, Burckhardthaus, Gelnhausen 1976
Praktische Bibelarbeit heute, hrsg. vom Katholischen Bibelwerk e. V., Katholisches Bibelwerk, Stuttgart [2]1974

Material zur Bibelwoche 1980/81

Jesus nachfolgen macht frei. Sieben Texte aus Lukas. Ökumenische Arbeitshefte zur Bibelwoche Nr. 16, hg. von den evangelischen und katholischen Bibelgesellschaften und Bibelwerken. Deutsche Bibelstiftung Stuttgart 1980
Flender, H., … und folgten Jesus nach. Lukas-Evangelium. Handreichung (für den Leiter) zur Bibelwoche. Schriftenmissions-Verlag Gladbeck 1980

Bezugsquellen für Bildmaterial

Einzeldrucke des Bildes »Abendmahl« von Roland P. Litzenburger und »Der Hörende« von Toni Zenz (DIN A5) können angefordert werden in der Freizeit- und Bildungsstätte Bernhäuser Forst, Postfach 30 01 35, 7022 Leinfelden-Echterdingen 3. Wir bitten, bei Bestellungen unter DM 10,– für die entstehenden Unkosten Briefmarken beizufügen. Porto und DM 0,10 pro Blatt!

Die Autoren

Annelise Bausch, Studienleiterin an der Freizeit- und Bildungsstätte »Bernhäuser Forst« des Evangelischen Jugendwerks in Württemberg, Stetten/Fildern (Leinfelden-Echterdingen 3)

Ulrich Busse, Wissenschaftlicher Assistent im Fachbereich Katholische Theologie an der Gesamthochschule Bamberg

Günter Hegele, Professor für Praktische Theologie und Jugendarbeit an der Evangelischen Fachhochschule Rheinland-Westfalen-Lippe, Fachbereich III, Düsseldorf, vorher Jugendpfarrer

Peter Neumann, Studienleiter an der Freizeit- und Bildungsstätte »Bernhäuser Forst«, Stetten/Fildern (Leinfelden-Echterdingen 3), vorher Dozent für Sozialpädagogik

Wolfgang Schöpping, Oberstudienrat am Goethe-Gymnasium Frankfurt, Leiter des Zentrums für Sozio-dynamische Arbeitsmethoden, Frankfurt

Werner Ullrich. Leiter der Abteilung Kirchliche Bildungsarbeit und Pfarrer im Evangelischen Gemeindedienst für Württemberg, Stuttgart

Bibelauslegung für die Praxis

Herausgegeben vom Evangelischen Bibelwerk
und Katholischen Bibelwerk e.V.

Diese Reihe verbindet die wissenschaftlich fundierte Bibelauslegung und die Praxis der Bibelarbeit auf neuartige Weise. Der Ertrag der theologischen Forschung am biblischen Text wird in allgemein verständlicher und übersichtlicher Form dargeboten. Weiterführend und ergänzend treten daneben jeweils Anleitungen zur Erschließung des Textes im Bibelgespräch einer größeren oder kleineren Gruppe. Der Pfarrer, der einen Gemeindeabend veranstaltet, findet hier ebenso Anregungen wie der Kreis, der sich spontan und ohne theologischen Leiter trifft. Die hier vorgeschlagene Art des Umgangs mit biblischen Texten ist in dem Sammelband *Praktische Bibelarbeit heute* (ebenfalls im Verlag Katholisches Bibelwerk, 2. Auflage 1974) grundlegend dargestellt und an Beispielen erläutert worden. Sie findet nunmehr Anwendung auf zusammenhängende Serien von Texten aus jeweils einem biblischen Buch.

Bisher sind folgende Bände lieferbar:

Band 11: *Licht der Völker* – Jesaja
ISBN 3-460-25111-5

Band 16: *Die bessere Gerechtigkeit* – Matthäus-Evangelium
ISBN 3-460-25161-1

Band 18: *Jesus zwischen arm und reich* – Lukas-Evangelium
ISBN 3-460-25181-6

Band 22: *Gemeinde im Lernprozeß* Korintherbriefe
ISBN 3-460-25221-9

Verlag Katholisches Bibelwerk GmbH
Silberburgstraße 121 A, 7000 Stuttgart 1